NLP | Körpersprache | Manipulationstechniken | Selbstbewusstsein | Smalltalk:

ERFOLGREICHE KONTROLLE ÜBER MENSCHEN UND SICH SELBST (5IN1 BUCH)

Dieses Bündel beinhaltet die folgenden Bücher:

NLP

UND

Körpersprache

UND

Manipulationstechniken

UND

Selbstbewusstsein

UND

Smalltalk

Inhaltsverzeichnis

NLP

Einleitung

NLP steht für neuro-linguistic programming, auf Deutsch neuro-linguistische Programmierung.

Der Ursprung liegt in der Psychologie und der Kommunikation. Mittels NLP können wir trainieren, wie man besser mit anderen Menschen kommuniziert. Eine Fähigkeit, die eher einer Kunst gleicht, speziell, wenn es um wichtige Gespräche geht, sei es im privaten oder geschäftlichen Bereich unseres Lebens. Es geht dabei um Empathie, emotionale Intelligenz, aber auch um Selbstbewusstsein und Selbstwahrnehmung. NLP kann vor allem im Verkauf sehr von Vorteil sein, denn man kann sein Gegenüber, den potenziellen Kunden, mit ein paar Techniken sehr gut zum Kauf überreden.

NLP hilft vor allem in der Berufswelt oder auch im Studium bei vielen Dingen, wie

- Zielsetzung und der Findung von realistischen Strategien, um an ein Ziel zu gelangen.

- Stresssituationen und Konflikte zu erkennen und abzumildern.

- Neue Mitarbeiter einzuweisen und ihnen unter die Arme zu greifen.

- Die Verkaufsleistung zu verbessern.

- Kundenservice zu verbessern.

- Die Effizienz von Mitarbeitern zu erhöhen und so mehr Ziele zu erreichen.

Erfunden wurde NLP von dem Psychologen Richard Bandler und dem Linguisten John Grinder an der Universitz of California Santa Cruz in den 70ern. Das Ziel war es, kurzfristige Psychotherapie zu entwickeln, bei der man subjektive Erlebnisse und die daraus resultierenden Erfahrungen analysiert und dadurch das Verhalten anpassen kann.

4 Grundprinzipien

NLP verfolgt vier Grundprinzipien:

1. **Kenne dein Ziel:**

   NLP hilft dir, dich darauf zu konzentrieren, was du eigentlich erreichen willst und wie du deine Ziele formulierst. Manchmal ist es uns selbst nicht ganz klar, was wir eigentlich erreichen wollen. Durch NLP Techniken wirst du damit weniger Probleme haben. Du lernst auch, welche Kriterien dein Ziel enthalten sollte. Wenn du zum Beispiel sportlicher werden willst, dann kann dein Ziel sein, dass du in einem Jahr am örtlichen Marathon teilnehmen willst. Die genauen Kriterien wären dann die vollständige Teilnahme am Marathon und sein Absolvieren in unter 4:30 Stunden. Außerdem wirst du genauer definieren, dass du zu diesem Zeitpunkt 5 kg durch das Training verloren haben willst und dass du problemlos das Treppenhaus in deinem Haus auf und ab joggen kannst, ohne dass dir die Puste ausgeht. Du weißt auch, dass das dein Traum ist und dass du davon nicht abkehren wirst und dass trotz deines Trainings deine Familie und Freunde nicht auf der Strecke bleiben werden.

2. **Verständnis, wohin es geht**

Du verstehst zu jedem Zeitpunkt, ob dich deine Aktionen zum Ziel hinführen oder davon weg. Du hast außerdem immer die volle Kontrolle und kannst jederzeit steuern, damit du weiterhin zu Ziel gelangen kannst.

3. **Flexibles Verhalten**

   Du wirst lernen, deine Aktionen immer an die Situationen anzupassen. Wenn du mit einem gewissen Verhalten deinem Ziel nicht näher kommst, wirst du wissen, wie du dein Verhalten ändern musst, damit es dich an dein Ziel bringen wird. Dazu wirst du auch die Sensibilität dafür entwickeln, um herauszufinden, was dich ans Ziel bringen wird und was nicht. Genauso gilt dann auch, dass du die Aktionen, die dich ans Ziel bringen, durchgehend beibehalten wirst.

4. **Handle jetzt!**

   Du wirst lernen, dich zu disziplinieren. Dazu gehört die Disziplin, keine Entscheidungen aufzuschieben, sondern sie sofort zu fällen. Du lernst auch, wie man immer sofort handelt anstatt die Aktionen, die dich an deine Ziele führen werden, aufzuschieben. Du wirst dein Leben in die Hand nehmen und dich nicht von anderen oder deinem inneren Schweinehund bestimmen lassen.

NLP lehrt dich also insgesamt bewusster zu leben und effizienter durchs Leben zu gehen. Du wirst auch Techniken lernen, die dir dabei helfen, andere Leute in deinem Leben so zu beeinflussen, dass auch diese bewusster leben werden und effizienter werden. Das ist sowohl bei der Arbeit wie auch im Privatleben immer sehr hilfreich. Denk nur ans Putzen: keiner will die kurze Freizeit mit Putzen verschwenden, dennoch muss es getan werden. Anstatt also mit deinem Partner auf die Fussel und Flecken zu schauen, werdet ihr lernen, kurz und knackig die Sache in die Hand zu nehmen um dann mit reinem Gewissen auf der Couch zu liegen. Ihr macht euch beide dadurch das Leben viel einfacher.

Voraussetzungen für neuro-linguistisches Programmieren

Es gibt für NLP ein paar Voraussetzungen, die durch die Techniken befolgt werden, damit die Sache erst richtig funktioniert. Es geht darum, wie man richtig mit anderen Leuten kommuniziert, um ans besagte Ziel zu gelangen. Diese Voraussetzungen wirst du in vielen der Techniken wiederfinden.

- Der Sinn deiner Kommunikation liegt in der Antwort deines Gegenübers, nicht in deiner eigenen Kommunikation.

  Es kommt immer darauf an, wie man etwas sagt, denn du manchmal kommt etwas falsch rüber und deine Absicht kann dabei untergehen. Wenn du zum Beispiel deinen Partner fragst, ob er putzen will, dann kann das bei ihm schnell als Aufforderung anstatt als Frage ankommen. Frage dich also immer, wie dein Gegenüber deine

Kommunikation empfangen wird und ob das deiner Absicht entspricht oder nicht. Dazu gehören deine Wortwahl, deine Mimik und Gestik, sowie der Tonfall deiner Stimme. So kann man die meisten Missverständnisse ganz leicht vermeiden und du wirst von deinem Gesprächspartner eine Antwort erhalten, die du hören willst.

- Die Karte ist nicht die Landschaft, sondern nur ein Modell davon.

Mit Karte ist hier die Erfahrung und Weltsicht einer Person gemeint. Sie entspricht nicht der tatsächlichen Welt, sondern ist lediglich subjektiv. Die Welt selbst ist objektiv. Natürlich hat deine Erfahrung und Anschauung große Ähnlichkeit mit der Realität, sie ist aber nicht die Realität selbst.

- Sprache ist nur ein sekundäres Erlebnis.

Deine Erfahrungen und Erlebnisse sind oft nur schwer in Worte zu fassen. Dazu gehören Bilder und Gefühle und vieles mehr. Wenn man Erfahrungen also versucht, in Worte zu fassen, geht automatisch Information verloren. Außerdem hat jeder einen individuellen Sprachgebrauch, der von Person zu Person unterschiedlich ist. Die gleichen Worte können also bei verschiedenen Personen verschiedene Reaktionen hervorrufen, denn auch die Sprache ist etwas Subjektives. Dadurch kann man wiederum Missverständnisse erhalten, die leicht zu vermeiden sind, wenn man sich in den Gesprächspartner hineinversetzt.

- Körper und Geist bilden eine Einheit und interagieren miteinander und beeinflussen einander.

Die körperliche Konstitution bestimmt, wie wir über bestimmte Dinge denken und wie wir fühlen. Dadurch wird wiederum unsere Kommunikation beeinflusst. Unsere Emotionen, Gedanken, körperlichen Reaktionen und Handlungen sind alle miteinander vernetzt und beeinflussen einander. Man kann auch selbst bestimmen, wie man denkt oder fühlt (nicht zu verwechseln mit Unterdrückung von Gefühlen!). Man kann dadurch beispielsweise Lampenfieber oder Aggressivität unter Kontrolle bringen.

- In einer Gruppe oder einem dynamischen System hat immer derjenige den meisten Einfluss, der die größte Bandbreite an Verhaltensweisen und die beste Anpassungsfähigkeit hat.

Man braucht dazu eine große emotionale Flexibilität und den Willen und die Disziplin, Dinge in die Hand zu nehmen, egal, wie unangenehm sie sind. Manchmal fühlt sich das für den Moment schlecht an, ist aber langfristig sehr gut. Je stärker und schneller du deine Handlungen anpassen kannst, desto eher kommst du ans Ziel. In vielen Situationen führt dies auch zum Sieg in Wettbewerben oder anderen Situationen.

- Verhalten hat immer das Ziel, sich anzupassen an Situationen und die Mitmenschen.

  Pass immer auf, inwieweit die Realität und deine Erfahrungen zusammenpassen. Wenn es Unterschiede zwischen Subjektivität und Objektivität gibt, sollte dein Verhalten angepasst werden.

- Das gegenwärtige Verhalten ist immer das Beste in einer gegebenen Situation.

  Von dir erfordert dieses Prinzip hohe Selbstdisziplin. Du musst dabei auch deine Mitmenschen beachten, den auch sie haben eine subjektive Wahrnehmung der objektiven Realität. Stelle dir also erst mal die Frage, ob jemand vielleicht ohne Absicht eine andere subjektive Erfahrung hat, die der Objektivität nicht entspricht, bevor du jemanden beurteilst.

- Wenn das gegenwärtige Verhalten nicht dem besten entspricht, wird es umgehend so geändert und angepasst, dass es zum Ziel führen kann. Dabei handelt man ständig und überwacht die Situation dauernd. Handle immer nach deinen Möglichkeiten und schöpfe alle deine Möglichkeiten voll aus. Lass keine Chancen ungenutzt entgehen.

- Alle Leute haben die Voraussetzungen und Fähigkeiten, ihre Entscheidungen zu treffen, um ihre Ziele zu erreichen.

  Man muss nicht erst großartig Problemlösungen lernen und Probleme analysieren. Man hat bereits alle nötigen Voraussetzungen, um Probleme zu erkennen, anzupacken und zu lösen. Man muss sie nur nutzen.

- Das Wort „möglich", egal ob generell oder personenbezogen, ist nur eine Frage des „wie", nicht des „ob".

Was andere können, kannst du schon lange! Solange etwas menschenmöglich ist, kannst du es auch tun. Du musst nur die Motivation und Disziplin dafür aufbringen, um deine Entscheidungen in deine Hand zu nehmen.

- Die beste Information über Leute steckt nicht in ihren Reden, sondern in ihren Handlungen.

Höre deinen Mitmenschen gut zu, schau aber auch darauf, was sie tun. Taten sprechen schließlich mehr als Worte. Wenn Taten und Worte nicht miteinander übereinstimmen, dann schau nur auf die Taten und ignoriere die Worte.

- Man sollte zwischen Verhalten und Persönlichkeit einen Unterschied machen.

  Wenn jemand einen Fehler macht, ist er nicht automatisch ein Idiot. Verhalten spiegelt immer nur, was eine Person gerade tut, sagt oder fühlt. Die Persönlichkeit ist viel komplexer und tiefergehend, als das Verhalten.

- Es gibt kein Versagen, es gibt nur positives und negatives Feedback.
  Fehler sind dazu da, um von ihnen zu lernen. Ein vermeintliches Versagen zeigt einem also nur, dass das gegenwärtige Verhalten eine Sackgasse erreicht hat. Man dreht also um und versucht einen anderen Weg zu nehmen, so lange, bis man das Ziel erreicht.

Im Folgenden stellen wir dir Techniken vor, die dir dabei helfen werden, die Voraussetzungen des NLP zu erreichen und an deine Ziele zu gelangen.

Die Techniken

Es gibt sehr viele verschiedene Techniken beim neuro-linguistischen Programmieren. Wir stellen dabei einige der wichtigsten Techniken vor, die auch für Anfänger leicht zu verstehen und umzusetzen sind.

Anchoring

Beim Anchoring willst du herausfinden, was genau eine Reaktion hervorruft. Du suchst also nach sogenannten Triggern, den Auslösern für bestimmte Gefühle, Taten, oder ähnlichem. Der Trigger kann alles Mögliche sein, wie beispielsweise Berührungen, Dinge, die du siehst, Gerüche, usw.

Wir sprechen dabei nicht von negativen, sondern von positiven Dingen.

Manchmal erlebt man zum Beispiel eine Euphorie, die durch etwas ganz Bestimmtes ausgelöst wurde. Wenn es dir mal schlecht geht, kannst du mithilfe eines Triggers diese Euphorie auch ganz künstlich auslösen. Ein Beispiel dafür kann sein, dass du durch eine bestimmte Melodie plötzlich Kindheitserinnerungen hast.

Durch Anchoring kann man sehr gut bestimmte Stimmungen hervorrufen und abspielen, um sie dir zunutze zu machen. So kann es vor schwierigen Gesprächen von Vorteil sein, wenn man das Selbstbewusstsein stärkt.

Beim Anchoring spricht man ein Verhaltenssystem in unserem Gehirn an, das unterbewusst geschieht. Das ist quasi das gleiche System, mit dem man auch Tiere trainiert. Diese unterbewussten Handlungen sind sehr stark und wir können sie genauso beeinflussen, wie wir Tiere trainieren können. Es braucht zwar ein bisschen Geduld, aber es wird früher oder später gut funktionieren. Es gibt einen Auslöser und dann eine Reaktion von dir. Wenn man beispielsweise einem Hund das Wort „sitz" sagt, dann setzt er sich hin. Dasselbe kannst du für dich erreichen, allerdings nicht einfach für Handlungen, sondern eben auch für Gefühle und Reaktionen, wie Lampenfieber.

Um einen Anchor zu aktivieren, musst du zuerst darüber nachdenken, welchen Zustand oder welche Reaktion du hervorrufen willst. Dann musst du dir einen Trigger überlegen. Es kann etwas, wie eine Berührung an einer bestimmten Stelle oder ein bestimmter Satz, den du dir selbst sagst, sein. Wichtig ist, dass dein Trigger einzigartig ist und du ihn nicht mit anderen Dingen verwechseln kannst.

Nun rufst du den Zustand oder die Reaktion bewusst in dir hervor und versuche, ihn so stark wie möglich zu bekommen. Nun verankerst du dies in dir, indem du den Trigger benutzt. Konzentriere dich dabei sehr auf dich und lass dich nicht von anderen Dingen ablenken, damit bekommst du schneller den Trigger mit der Reaktion in Assoziation. Führe diesen Schritt mehrere Male durch, beispielsweise einmal am Tag, damit dein Unterbewusstsein sich gut daran gewöhnen kann.

SelfAnchoring

Dabei geht es um positive Zustände, die du hervorrufen und vergrößern kannst. Nimm dir ein Beispiel, zum Beispiel ein gutes Gespräch.

Versetze dich nun in eine dritte Person, die dieses Gespräch von außen beobachtet. Wann immer etwas in diesem Gespräch gut verläuft und sich gut anfühlt, kannst du versuchen, diesen Zustand zu verstärken und zu erhalten. Versuche dabei auch, in der dritten Person dies zu fühlen. Erinnere dich an vergangene Gespräche, die sehr positiv liefen. Versuche nun zu analysieren, was genau diese Positivität hervorgerufen hat und beobachte dich dabei genau, welche Aktionen und Worte deinerseits dabei eine Rolle spielten, beobachte auch deine Gestik, Mimik und Tonwahl. Höre dabei dir selbst zu und auch deinem Gegenüber, denn du kannst auch von anderen lernen. Fühle dabei, was sich positiv und anziehend anfühlt und für eine gute Beziehung zu deinem Gegenüber sorgt.

Wenn du dich an solche Gespräche erinnerst und dich dabei von außen beobachtest, solltest du dich genau beobachten und auf jedes kleinste Detail deiner Handlungen eingehen.

Erfinde nun für dich ein geheimes Zeichen, das du mit der Hand durchführst, wie zum Beispiel zwei Finger zu kreuzen, das als Signal dient, diese positiven Gefühle und Handlungen dieser vergangenen Gespräche hervorzurufen und in aktuelle Gespräche einzuführen.

Downtime

Bei Downtime geht es darum, dir selbst eine emotionale und geistliche Auszeit zu gönnen, um mal kurz zwischendrin die Batterien wieder aufzuladen. Dabei kannst du dich in eine Art Mini Trance versetzen. Man kann Downtime auch dazu verwenden, um eine richtige Trance einzuleiten. Es gibt verschiedene Wege, eine Downtime durchzuführen und sie können auch dazu verwendet werden, um Handlungen zu reflektieren, sich für andere zu öffnen oder um geduldiger zu werden.

Als erstes suchst du dir eine Umgebung, in der du deine Ruhe haben kannst, ohne gestört zu werden. Dann richtest du deine Aufmerksamkeit nach innen und gehst deine Sinne durch. Öffne deine Ohren: was hörst du? Was sagt diene innere Stimme? Welche Geräusche gehen gerade durch deine Gedanken und Erinnerungen? Vielleicht gibt es etwas, an das du dich gerne erinnerst – versuche, dich an alle Geräusche zu erinnern, die damit zu tun hatten.

Bleibe nun bei dieser Erinnerung und erinnere dich an alle visuellen Eindrücke, die damit zu tun hatten. Rufe in deiner Erinnerung dabei auch verschiedene Blickwinkel hervor. Konzentriere dich auf alle Details, wie Formen, Licht, Farben und so weiter.

Versuche dich an eine Situation zu erinnern und gehe dabei alle Gefühle durch, die du dabei hattest. Dabei geht es nicht darum, wie du dich wegen dieser Situation im Nachhinein fühlst, sondern um die Gefühle, die du währenddessen hattest. Gehe dabei sowohl auf emotionale Gefühle ein, wie auch auf physische Gefühle (war etwas hart/ weich, nass/ trocken, ...).

Du kannst Anchoring gut bei Downtime verwenden. Suche dir dabei eine Bewegung aus, die sich allmählich steigern lässt, wie beispielsweise Handflächen aneinander zu drücken und dabei den Druck langsam zu steigern. Gehe dabei die oben genannten Schritte langsam durch, während du den Druck auf deine Hände erhöhst. Mit ein bisschen Übung kannst du so in einer Minute komplett abschalten und dein Gehirn kann sich von einer Anstrengung erholen. Nach einer Weile wirst du die Schritte alle gleichzeitig ausführen können.

Uptime

Uptime funktioniert fast so, wie die Downtime, aber mit dem Ziel, deine aktuelle Umgebung genau zu studieren. Du solltest also direkt bei deinem Studienmaterial sein, z.B. in einem Konferenzzimmer bei einer Besprechung. Statt dich auf dein Inneres zu konzentrieren, lenkst du nun deine Sine nach außen und hörst zunächst auf alle Geräusche und die Stimmen. Versuche herauszufinden, was im Vordergrund läuft und was im Hintergrund. Ist der Hintergrund etwa auch wichtig? Oder nur Nebengeräusch?

Schau dich nun um und nehme alle Personen und Dinge genauestens wahr. Achte auf Farben, Formen und wie das Licht fällt (und welche Farbe dieses Licht hat). Schau auf statische, also unbewegliche Dinge, dann auf dynamische, also Dinge, die sich bewegen. Wer hat welche Mimik, welche Gestik? Wer bewegt sich viel und wer sitzt oder steht ruhig? Versuche auch, dich in einen anderen Blickwinkel im Raum zu versetzen und überlege, wie alles von der anderen Seite aussähe oder von oben.

Gehe nun in deine Gefühlswelt und beobachte, was du in verschiedenen Situationen fühlst, wie es dir geht und geh dabei wieder auf deine Emotionen und deinen Tastsinn ein.

Diese Technik hilft dir mit ein bisschen Übung, schnell den Überblick über Situationen zu verschaffen. Diese Fähigkeit kann dir sehr gut bei schnellen Handlungen helfen, aber auch wenn du dir über eine Situation nicht ganz im Klaren bist.

Accessing Resourceful States

Hierbei wirst du Zustände lenken. Zustände, die dir helfen, deine Ziele zu erreichen, sollen dabei verstärkt werden, um deine Zielfindung zu beschleunigen und zu ermöglichen.

Versuche, an eine Situation zu denken, in der du 100% gibst. Welche Ressourcen brauchst du in dieser Situation und welche hast du? Wenn du zum Beispiel an eine schwieriges Gespräch denkst, kommen Ressourcen, wie Charisma, Empathie, Selbstbewusstsein und Ehrgeiz in Frage. Denke nun an die Ressourcen, die wichtig für die Situation sind, die du dir ausgedacht hast.

Erinnere dich nun daran, wie es dir letztes Mal ergangen ist, als du eine dieser Ressourcen verwendet hast. Gehe alle Schritte in deinem Kopf durch, bis diese Erinnerung ganz klar vor deinem inneren Auge steht. Nun stell dir vor, dass diese Ressource wie ein Stück Kleidung ist, das du einfach mal kurz anziehen kannst. Zieh es an und wieder aus und wieder an. Versuche hierbei auch, dich in der dritten Person zu beobachten. Wie ist deine Gestik, Mimik, deine Gefühle, etc. Versuche alles, um diesen Zustand so stark wie möglich auszudrücken.

Suche dir nun ein Model für diese Ressource. Jemand, der/ die sehr gut für diese Ressource geeignet ist. Das kann jemand aus deinem Umfeld sein, aber auch eine Filmfigur usw. Überlege dir, wie diese Person diese Ressource darstellt und repräsentiert und schlüpfe dann in deren Rolle.

Wende nun die Self Anchoring-Technik an, um diese Ressource in dir festzuhalten, um sie jederzeit abrufen zu können.

Behavior Appreciation

Jede schlechte Angewohnheit hat tief im Inneren etwas Gutes. Das gilt es nun zu finden, damit du dich wegen bestimmten Dingen nicht schlecht fühlen musst.

Finde eine schlechte Gewohnheit oder eine schlechte Reaktion von dir. Es kann sich auch um ein schlechtes Gefühl handeln, das du nicht gerne hast.

Versuche dir nun einen Ort vorzustellen, an dem dies passiert ist. Trete in die Szene ein und beobachte alles um dich herum. Versuche nun, die schlechte Situation oder das schlechte Gefühl erneut zu erleben und analysiere genau, was dabei in dir vorgeht und um dich herum.

Denke dir nun, dass dies eigentlich einen positiven Ursprung hatte. Welche positiven Motive könnten dabei eine Rolle spielen?

Versetze dich nun gedanklich an einen anderen Ort, dort liegt der positive Aspekt und das positive Motiv. Stelle deinem Motiv nun verschiedene Fragen, wie „Was war eigentlich das Ziel hier?", „Wieso ist das so negativ geworden?".

Stelle dir nun selbst die Fragen, wie du in Zukunft reagieren kannst, wenn du wieder auf dieses Motiv stößt.

Führe diese Übung mehrere Male an verschiedenen Tagen durch.

Physiomental State Interruption

Hierbei lernst du, wie du rasch zwischen verschiedenen Zuständen wechseln kannst, um immer spontan und zu 100% auf sich verändernde Situationen reagieren zu können.

Versuche, deinen momentanen Zustand in Worte zu fassen. Es muss nicht ein einziges Wort, wie Depression oder Euphorie sein, du kannst auch in vielen Worten eine Beschreibung finden, Hauptsache du bist dir klar über das, was gerade in dir vorgeht.

Nun leitest du die Unterbrechung dieses Zustands ein, indem du dein Gehirn dazu zwingst, von diesem Zustand abzukehren. Dafür gibt es verschiedene Wege. Du kannst zum Beispiel eine ärgerliche Situation ins Lächerliche zwingen, indem du dir vorstellst, wie es klingen würde, wenn dein Gesprächspartner mit einer Mickey Mouse-Stimme sprechen würde. Oder wenn du ein bestimmtes Gefühl unterdrücken willst, kannst du auch ganz rational anfangen, dir Gedichte aufzusagen oder das kleine Einmaleins durchzugehen. So etwas funktioniert immer.

Teste dich nun selbst. Hat die Unterbrechung funktioniert? Und wenn ja, wie gut - du kannst dir selbst auf einer Skala Punkte geben. Du musst nicht immer die volle Punktzahl erreichen, das hängt immer von deiner persönlichen Situation ab. Vielleicht hilft es aber auch, einfach zum letzten Punkt zurückzugehen und eine andere Methode für die Unterbrechung zu finden.

Ecology Check

Wenn du einen Zustand änderst, solltest du vorher sicher gehen, dass alle Aspekte am neuen Zustand positiv sein werden und eine Verbesserung mit sich bringen. Manchmal hat man unterbewusste Vorbehalte gegenüber einem neuen Zustand, die einen dann davon abhalten, sich voll auf die Veränderung des Zustandes einzulassen.

Vorbehalte können beispielsweise passieren, wenn du künftig früher aufstehen willst, um Sport zu treiben, aber dann Sorge hast, dass du nicht genug Schlaf bekommst. Also musst du erst mal deine Vorbehalte angehen und dir überlegen, wie du damit umgehst und eine Lösung finden. Dann kannst du dich um die eigentliche Umstelung kümmern.

Fange den Ecology Check damit an, indem du dich selbst in der dritten Person beobachtest, um genau festzustellen, wo an den Stellschrauben des Lebens etwas geändert werden kann. Das kann gut funktionieren, indem du dir vorstellst, du seist ein Sportkommentator, der dein Leben beobachtet.

Stelle dir nun selbst Fragen, die mit der Änderung des Zustands zu tun haben. Die Fragen können Inhalte haben, wie „Was sind Gründe für oder gegen die Änderung?", „Welche Seiteneffekte kann die Änderung mit sich bringen?", „Was sind kurzfristige Effekte und was sind langfristige Effekte davon?", „Auf wen kann diese Entscheidung positive/ negative Einflüsse haben?" usw. Im Beispiel kann es sein, dass du kurzfristig etwas Schlafentzug haben wirst, aber langfristig wirst du dich daran gewöhnen und glücklich über die Entscheidung sein.

Beschäftige dich nun eine Weile (mehrere Tage oder gar Wochen) mit diesen Fragen und stell sie dir immer wieder neu. Irgendwann wirst du vielleicht auch von diesen Fragen träumen, das ist sehr gut, denn im Traum ordnest du dein Unterbewusstsein, das dir dann im Wachzustand helfen kann, die richtigen Entscheidungen zu finden. Mach dir keine Sorgen, dass dich dieser Prozess zu sehr belasten könnte. Unser Gehirn liebt Herausforderungen. Du kannst es damit gut beschäftigen. Schreibe gerne deine Gedanken und Lösungsvorschläge auf einen Zettel oder in ein Notizbuch, Tagebuch oder ähnliches und gehe sie ab und zu neu durch.

Wenn du dich bereit fühlst, deine Entscheidung zu treffen, bewerte alle deine Antworten, die du im Laufe der Zeit angesammelt hast. Verzweifle nicht, wenn anstelle einer Antwort nun mehr Fragen aufkommen. Gib dir in diesem Fall ein bisschen mehr Zeit.

State Induction

Mit State Induction kannst du einen bestimmten Zustand in dir hervorrufen und jederzeit abrufen, wenn du ihn brauchst. Dazu gehört zum Beispiel Selbstbewusstsein, wenn du Lampenfieber hast.

Denk an einen Zustand, der dir gefällt und er negative Zustände ausgleichen kann. Versuche, ihn zu beschreiben und gehe dabei auf deine Sinne ein. Erinnere dich an vergangene Situationen, in denen du diesen Zustand dir zunutze gemacht hast.

Versuche nun, dieses positive Gefühl in dir zu verstärken, bis es völlig präsent ist, und „übertöne" damit das negative Gefühl, um es zu löschen. Stelle es dir als eine Energiewelle vor, die durch deinen Körper geht und alle Körperteile und Sinne einnimmt.

Six Step Reframe

Hierbei handelt es sich um eine weitere Methode, einen Zustand oder eine Reaktionsweise zu verändern, und zwar in 6 einfachen Schritten.

1. Finde diesen Zustand und gib ihm einen Namen, damit er in Worte gefasst werden kann.

2. Geh in dich und versuche herauszufinden, was genau diesen Zustand oder eine gewisse Reaktion in dir verursacht. Das kann beispielsweise Lampenfieber sein. Geh als in dein Inneres und suche genau nach dem

Grund für das Lampenfieber. Ist es eine gewisse Anzahl an Menschen (wie viele ungefähr wären das?), ist es die Angst vor Versprechern oder ist es die Angst vor Schweißflecken auf dem Hemd? Die Antworten, die du von dir selbst bekommst, müssen nicht in Worte gefasst sein, sie können auch einfach als Formen oder Bilder oder Gefühle daher kommen.

3. Suche nun zunächst nach der positiven Seite dieser Reaktion oder dieses Zustandes. Vielleicht will dir dein Lampenfieber einfach nur mitteilen, dass du nun konzentriert arbeiten musst, um nicht peinlich aufzufallen.

4. Frage nun diesen Teil in dir, der den Zustand oder die Reaktion hervorruft, mit dir zu kooperieren und dir bei der Suche nach einer Lösung zu helfen.

5. Frage nun den Teil in dir, einem neuen Zustand zuzustimmen. Frage also beispielsweise den Teil in dir, der das Lampenfieber verursacht, ob er auch einverstanden ist, wenn er in Zukunft ein wenig die Lautstärke hinunterdrehen kann. Du hörst ihn auch in leisen Tönen noch sehr gut. Dieser Schritt kann eine Weile dauern und Geduld erfordern.

6. Mache nun einen Ecology Check (siehe oben), der alle Teile in Anspruch nimmt. Gehe sicher, dass alles funktioniert hat und zwar so, wie du es dir vorgestellt hast.

Mirroring

Beim Mirroring wirst du dein Gegenüber nachahmen (nicht im hämischen Sinn). Dadurch kannst du eine besondere Verbindung zu der anderen Person aufbauen und ihre Gemütslage beeinflussen. Das kann privat wie auch im Geschäft sehr wichtig sein.

Suche dir zunächst einen Gesprächspartner und sage ihm/ ihr nichts von deinem Vorhaben. Führe einfach ein normales Gespräch.

Frage dein Gegenüber nach seiner/ ihrer Meinung zu verschiedenen Dingen. Versuche nun, bei deren Antworten die Gestik und Mimik zu kopieren. Dazu kannst du auch ihre Antworten wiedergeben. Wenn dein Gegenüber beispielsweise sagt, er findet das Wetter schlecht, dann sagst du nicht einfach „Ja", sondern „Ja, das Wetter ist schlecht". Versuche nun auch, die Atmung in Einklang zu bringen. Dieser Schritt ist ein bisschen anspruchsvoll, aber beobachte einfach neben dem Gesicht auch die Schultern der Person.

Da du nun quasi „eins" mit der anderen Person bist, kannst du mal deine Intuition spielen lassen und bei der nächsten Frage überlegen, was wohl die Antwort wäre und sie gleich vorweg nehmen. Zeige aber die Meinung in einer leicht unsicheren Weise, denn dann kann dein Gegenüber die Meinung nicht nur bestätigen, sondern auch noch bestärken. Das erzeugt bei deinem Gesprächspartner ein sehr positives Gefühl, dass du ihn/ sie verstehst und der gleichen Meinung bist.

Nun kannst du ganz langsam deine Gestik und Tonlage ändern und du wirst sehen, dass dein Gesprächspartner unterbewusst dasselbe tun wird. Somit kannst du sehr leicht eine verärgerte Person beruhigen, ohne dass diese es überhaupt merken wird.

Pacing

Pacing ist ähnelt sehr dem Mirroring, aber nun kopierst du nicht einfach dein Gegenüber, sondern wirst dich intellektuell und im Gespräch auf ihr Niveau anpassen. Wenn jemand zum Beispiel eine sehr einfache Sprache verwendet, dann wirst du ebenfalls diese einfache Sprache verwenden. Imitiere aber nicht die Stimme oder einen Dialekt. Einfach nur den Wortinhalt.

Exchanged Matches

Du kannst die Atmung anderer Leute beeinflussen, indem du ihre Atmung beobachtest und eine parallele Bewegung mit der Hand dazu machst. Der beste Weg, die Atemfrequenz einer anderen Person zu sehen, sind die Schultern. Sie bewegen sich immer leicht nach oben und unten. Schau bitte nicht auf die Brust (vor allem nicht bei Frauen). Mache nun mit der Hand eine leichte Bewegung nach oben, wenn dein Gegenüber einatmet und nach unten beim Ausatmen.

Du kannst nun die Atemfrequenz beeinflussen, indem du deine Handbewegungen beschleunigst oder verlangsamst. Diese Übung ist sehr gut, wenn du mit jemand zu tun hast, der zu sehr gestresst ist oder unter Panik leidet. Über die Atmung kann man einen Menschen sehr gut kontrollieren und beruhigen.

Time-Line

Die Time-Line Technik lässt Vergangenheit, Gegenwart, Zukunft, Ziele und erlebte Ereignisse kombinieren. Durch die hergestellten Verbindungen können Ursachen erkannt und reflektiert werden. Die Time-Line besteht aus einer äußeren und einer inneren Ebene. Die äußere Ebene beschreibt den äußerlich vorgegebenen Rahmen und die dadurch entstandenen Ereignisse. Die innere Ebene beschreibt persönliche Empfindungen, Ziele und Bezüge zu den Ereignissen.

In einem Trancezustand kann man in der Time-Line zurückgehen und sich von negativen Erinnerungen befreien.

- Begebe dich in eine bequeme Position und konzentriere dich ganz bewusst auf deine Atmung.

- Wenn du ganz entspannt bist kannst du im Geiste deine äußere Time-Line ablaufen und nach negativen Einträgen in deiner inneren Time-Line Ausschau halten.

- Nun kannst du die negativen Emotionen reflektieren. Was sind die Beweggründe für die negativen Emotionen, sind die Ziele auch durch positive Emotionen oder Verhaltensmuster erreichbar?

- Visualisiere nun dein positives Gefühl mit dem Ereignis, wiederhole dies so oft wie notwendig.

Milton-Modell

Durch das Milton-Modell ist es möglich eine neue Form des Denkens durch Trancezustände zu etablieren. Dies ist vor allem gut einsetzbar in Situationen der Neuorientierung.

Fokussiere zunächst dein Problem, dein Ziel oder deinen Wunsch. Überlege nun, warum du dein Ziel, deinen Wunsch oder die Lösung des Problems nicht realisieren konntest. Fehlen dir entsprechende Fähigkeiten? Gibt es neben den fehlenden Fähigkeiten noch andere Einschränkungen? Was würde passieren, wenn du dein Ziel, deinen Wunsch oder die Lösung des Problems nicht realisieren könntest?

Komme nun in einen Zustand der Entspannung. Begebe dich in eine bequeme Position und folge deinem Atem aufmerksam, bis sich dein Körper und dein Geist beruhigt haben. Fokussiere dich vollkommen auf die Entspannung. Nun horche entspannt in dich hinein und ohne Druck, was deine unterbewussten Prioritäten sind. Koste diesen Zustand so lange wie möglich aus und versuche durch die Eingebungen deines Unterbewusstseins deine wahren Prioritäten zu erlernen.

Komme danach langsam wieder in den Alltag zurück und reflektiere deine neuen Gedanken und Gefühle.

Visual Squash

Durch diese Technik erlernst du Lösungen für zukünftige innere Konflikte. Du wirst dich auf die positiven Aspekte konzentrieren und dementsprechend gute Entscheidungen treffen können.

- Überlege, wo du dich selbst durch zwei Handlungen blockierst. Beispielsweise machst du etwas, möchtest es aber nicht machen. Oder geht man auf eine Streitigkeit ein oder lenkt sie ab?

- Teile nun jedem der beiden Teile in dir eine Hand zu und studiere die Hände ganz intensiv: Ist eine Hand schwerer? Wärmer? Kälter? Gibt es Farben oder Formen? Gibt es dazu passende Stimmen?

- Nun reflektiere die beiden Teile: Für welche Werte stehen die beiden Teile? Welche Ziele verfolgen sie? Kennen sie sich?

- Entwickle nun ein stimmiges Konzept in dem beide Teile ihren Anteil haben. Versuche anschließend deine Hände zur Kooperation zu bitten.

- Lege deine Hände aufeinander und spüre, wo es sich gut anfühlt. Was repräsentiert diese Zusammenführung für dich? Wie wird sich dadurch deine Zukunft verändern?

Reframing

Die Reframing-Technik lässt dich Ereignisse umdeuten und in einem neuen Zusammenhang sehen. So kannst du statt spontan negativen Emotionen Ereignissen eine positive Konnotation geben und sie so sinnvoll in deinen Alltag einfügen.

- Welches Verhaltensmuster oder welcher Gedankengang über ein Ereignis soll verändert werden?

- Reflektiere die Gründe für deine unerwünschte Sichtweise.

- Worin liegt die positive Absicht für dieses Verhalten?

- Welche anderen Möglichkeiten gibt es diese positiven Absichten zu realisieren?

- Wähle eine für dich stimmige Lösung aus und visualisiere die zukünftige Anwendung.

Praline-Muster

Dies ist eine Motivationsstrategie, die dir helfen kann dich selbst für selbstgewählte jedoch wenig attraktive Aufgaben zu motivieren.

Stelle dir dafür vor, wie du eine attraktive Aufgabe ausführst. Anschließend stellst du dir vor, wie du die weniger attraktive Aufgabe ausführst und sie für dich dabei absolut sinnstiftend und positiv ist. Verändere die Aufgabe wenn nötig so, dass du dich bei der gedanklichen Ausführung gut fühlen kannst. Lege das Bild der attraktiven Aufgabe über das Bild der mäßig attraktiven Aufgabe und schneide gedanklich ein Loch in das Bild der mäßig attraktiven Aufgabe. So kannst du die attraktive Aufgabe sehen und die positiven Emotionen auf das obere Bild mit der weniger attraktiven Aufgabe legen. Wiederhole dies einige Male, bis dir beide Aufgaben ein positives Gefühl vermitteln.

New Behavior Generator

Diese Strategie erlaubt dir neue Verhaltensweisen zu erlernen durch Veränderung, Übernahme oder Neubildung.

Werde dir zunächst über die zu verändernde Verhaltensweise bewusst. Was möchtest du verändern? Suche dir nun ein positiv handelndes Vorbild. Entspricht das Vorbild genau deinen Vorstellungen, setzte das Vorbild die Verhaltensweise für dich ideal um? Visualisiere dich selbst nun in der Rolle deines Vorbilds, wie du handelst, redest und dich bewegst. Stelle dir vor wie du die neue Verhaltensweise in Zukunft anwenden wirst. Nach einer intensiven und gegebenenfalls mehrfachen Visualisierung ist die neue Verhaltensweise abrufbar.

Resolving Grief

Diese Technik unterstützt dich gezielt bei deiner Trauerarbeit. So kannst du den Verlust eines Menschen, eines Tieres, eines Jobs, einer Beziehung oder ähnlichem verarbeiten.

- Fokussiere dich auf das zu bearbeitende Bild, welche Gefühle hast du gegenüber dich trauern lassenden Situation? Beispielsweise den Verlust eines geliebten Menschen.

- Entspricht die Art des Trauerns den möglicherweise positiven Erinnerungen und Emotionen des Zustandes vor der Trauer? Verdeckt die Trauer die positiven Emotionen, die du mit dem geliebten Menschen eigentlich verbindest?

- Konzentriere dich bewusst auf die positiven Seiten eurer Verbindung und welche Vorteile und Werte du daraus ziehen kannst.

- Wie kannst du diese Werte und Vorteile aktiv in dein Leben einbauen und wie wird deine Zukunft dann aussehen?

- Blicke positiv auf die gemeinsame Zeit zurück und bewerte nun den Gehalt deiner Trauer neu.

Swish-Technik

Durch die Swish-Technik lassen sich unerwünschte Gedanken in erwünschte Gedanken umwandeln. Dies ist vor allem nützlich um positive Aspekte zu fokussieren und sich darauf zu konzentrieren.

- Begebe dich geistig in die Situation deiner unerwünschten Gedanken, versuche alle Sinnesempfindungen miteinzubeziehen.

- Stelle dir nun gleichermaßen einen erwünschten, positiven Gedanken vor.

- Nehme nun vor deinem geistigen Auge einen großen und einen kleinen Rahmen hervor. Stecke den unerwünschten Gedanken in den großen Rahmen und den erwünschten Gedanken in den kleinen Rahmen.

- Vergrößere nun den Rahmen mit dem erwünschten Gedanken und verkleinere den Rahmen mit dem unerwünschten Gedanken.

- Wiederhole dies so oft, bis auch das zuvor unerwünschte Denken eine positive Emotion auslöst.

Rapport

Rapport bezeichnet die Grundlage der zwischenmenschlichen Beziehungen. Beim Kennenlernen einer sympathischen Person versucht man, sich dieser anzupassen. Dies geschieht in vier Stufen, die zumeist unterbewusst ablaufen. Da du nun aber schon einige nützliche Fähigkeiten erlernt hast, kannst du auch bewusst in diesen Prozess eingreifen.

- Matching: Zwei Personen begegnen sich, dies ist die Voraussetzungen für Rapport

- Mirroring: Wechselseite oder einseitige Anpassung der Haltung und Sprache geschieht

- Pacen: Übernahme von Verhaltensweisen, meist einseitig, je nach Dominanz der aufeinandertreffenden Personen

- Leading: Die anführende Person beeinflusst ihren Gegenüber, beispielsweise durch Atmung.

Cristall Ball

Die Cristall Ball Technik lässt dich bewusst neue Ressourcen und hilfreiche Lösungswege für deine Zukunft erstellen. Umdenken und Neuorientierung sind die Grundlagen dieses Prinzips.

- Definiere zunächst dein Problem.

- Entspanne dich indem du dich ganz auf deine Atmung konzentrierst, bis du in einen tiefenentspannten Zustand kommst.

- Visualisiere nun eine Kristallkugel.

- Blicke in die Kristallkugel und stelle dir die Zukunft vor, in der dein Problem gelöst ist. Fühle, erlebe und koste diese Situation aus. Lasse deiner Phantasie freien Lauf.

- Blicke nun in die Kristallkugel und fokussiere dich auf den Lösungsweg. Fühle dich ganz in den Lösungsweg hinein.

- Kehre anschließend langsam wieder in den Alltag zurück.

New Role Design

Die New Role Design-Technik hilft dir dabei dich in bei dir Unzufriedenheit auslösende Rollen hineinzufinden. So kannst du ein vorteilhaftes und motiviertes Verhalten entwickeln. Die Werte, die mit dieser Rolle einhergehen, werden intensiv studiert und ihre Bedeutung für das alltägliche Handeln werden herausgearbeitet.

- Beschreibe die Rolle, die dich unzufrieden fühlen lässt.

- Beschreibe nun Erlebnis-Situationen in dieser Rolle.

- Fokussiere nun die positiven Werte dieser Rolle und forsche nach dem Grund für die Diskrepanz zwischen den positiven Werten der Rolle und deinem negativen Gefühl.

- Was ist der Beweggrund für die negativen Gefühle? Was soll durch die negativen Emotionen erreicht beziehungsweise verhindert werden? Ist dies auch durch ein positives Äquivalent zu erreichen?

- Bewerte die Rolle nun aufgrund der positiven Konnotation neu und integriere deine neue Sichtweise in deine Rolle.

- Visualisiere nun, wie du dich entsprechend deiner neuen Gefühle für deine Rolle zukünftig verhalten wirst, fokussiere dabei deine positiven Emotionen genau.

SCHLUSSWORT

Wir hoffen, dass wir dir zu ein bisschen mehr Verständnis verhelfen konnten.

Als kleinen Tipp am Rande empfehlen wir, sich die einzelnen Übungen Schritt für Schritt vorzunehmen und erst mal gut einzustudieren, bevor du mit einer neuen Übung anfängst. Am Anfang braucht es vielleicht eine Weile, sich an alles zu gewöhnen, vor allem, wenn man versucht, andere zu beeinflussen, aber du wirst dich schnell daran gewöhnen.

Beim NLP gibt es nach oben beinahe keine Grenzen. Wenn du erst mal gut darin geworden bist, kannst du sehen, wie du deine Gesprächsqualitäten lenken und verbessern kannst, sodass andere dir plötzlich viel besser zuhören werden oder mehr Respekt für dich haben werden.

Interessieren Sie sich für das Thema Cryptocurrencies und Bitcoins? Das Thema, das gerade in aller Munde ist? Wenn Sie mehr darüber und über das Investieren in Cryptocurrencies lernen möchten, dann laden Sie sich diesen kostenlosen Bonus runter:

Körpersprache

Einleitung

Was ist eigentlich diese berühmte Körpersprache und was hat sie mit Menschenkenntnis zu tun? Und wieso haben manche Menschen Menschenkenntnis und andere nicht? Kannst auch du diese Menschenkenntnis erlernen? Klar!

Die Menschenkenntnis ist uns Menschen eigentlich angeboren, aber viele Menschen verlieren diese Fähigkeit im Laufe der Jahre oder bauen sie nicht weiter aus. Der Ansatz ist aber noch in allen von uns vorhanden. Wenn du ein Café betrittst, dann kannst du direkt sagen, ob du die Person am Tisch neben dir sympathisch oder unsympathisch findest. Und genau das ist die Menschenkenntnis. Sie funktioniert ganz intuitiv, aber wir können sie schulen, damit du die Menschen in deiner Umgebung bald ganz bewusst anhand ihrer Körpersprache lesen und verstehen lernen kannst.

Laut Duden ist die Körpersprache der Gesamteindruck eines Menschen, der sich aus Körperhaltung, Bewegung, Gestik, Gestimmtheit und Mimik zusammensetzt. Diese Komponenten lesen, verstehen und lenken zu können ist die Menschenkenntnis. Mit diesen Fähigkeiten können wir die Menschen in unserer Umgebung gut einschätzen, aber die zukünftigen Handlungen dieser Person natürlich nicht voraussehen. Dennoch können wir diese Fähigkeiten in Beruf und Alltag einsetzen, um Menschen näher zu sein, unsere Ziele durchzusetzen und Missverständnisse zu vermeiden.

Je mehr Möglichkeiten du hattest verschiedene Menschen und Menschentypen kennen zu lernen, desto größer ist dein Repertoire an bekannten Ausdrücken durch Körpersprache. Die meisten Menschen nehmen dies aber nicht bewusst wahr, sondern unterbewusst. Sobald wir uns dieser Vorgänge bewusstwerden, können wir die Körpersprache anderer Menschen und unsere eigene viel intensiver wahrnehmen und aktiv interpretieren. Wie das einmal erlernte Ski-Fahren oder Kaffee kochen, ist auch die Wahrnehmung und Verarbeitung der Körpersprache anderer Menschen ein ganz automatisierter Ablauf, dem wir in der Regel keine große Beachtung mehr schenken. Wenn du deine Fähigkeiten in diesem Bereich verbessern möchtest, dann sollten wir uns diese Vorgänge allerdings bewusster machen und ausbauen!

Mit dem Wissen, dass rund 80% unserer Kommunikation nicht verbal, sondern nonverbal – also körperlich! – abläuft, wird klar, wie wichtig die Körpersprache für unser alltägliches Leben ist. Es lohnt sich also, diesen Teil unseres täglichen Lebens genauer zu beleuchten! Mit den Tipps und Tricks in diesem Buch wirst du lernen, deine Mitmenschen noch besser lesen und verstehen zu können. Du kannst Lügen besser entlarven, die Glaubwürdigkeit von Personen besser einschätzen und schneller eine vertraute Verbindung aufbauen. Dies kann dir sowohl in deinem privaten Leben, als auch in deinem beruflichen Leben helfen deine Ziele zu erreichen und glücklichere Beziehungen zu führen!

Kapitel 1: Die nonverbale Kommunikation

Was wir tagtäglich bei kleinen Kindern beobachten können, die unserer gesprochenen Sprache noch nicht mächtig sind, ist die nonverbale Kommunikation. Kleine Kinder und ihre Eltern kommunizieren größten Teils über die nonverbale Kommunikation, die Körpersprache, und es funktioniert wunderbar! Hierbei werden Informationen statt über Worte über die Gestik, Mimik, Bewegungen, Haltung und ähnlichem weitergegeben.

Auch im späteren Leben bedienen wir uns dieser nonverbalen Kommunikation. Allerdings spielen dann auch die Lautstärke und der Ton der Stimme, unsere Kleidung, unsere Wortwahl und unsere Selbstinszenierung eine Rolle. Aus all diesen Faktoren können wir Menschen unterbewusst Informationen über unsere Mitmenschen ableiten. Die meisten Menschen können ihre Körpersprache nicht beeinflussen, ihre Worte aber gezielt wählen. So können Differenzen zwischen Gesagtem und Gemeintem von geübten Menschen an der Körpersprache erkannt werden.

Erfolgreiche Menschen machen sich diese Fähigkeiten zu Nutze. Sie lesen, verstehen und lenken Menschen anhand der nonverbalen Körpersprache zwischen ihnen und ihrem Gegenüber. Trotz der vielen digitalen Möglichkeiten der Kommunikation, wie Skype, Emails oder Videokonferenzen, reisen jährlich Millionen Geschäftsleute um die halbe Welt. Wozu fragst du dich? Weil die Körpersprache so unglaublich wichtig ist, dass sie nicht zu ersetzen ist. Die nonverbale Kommunikation erfolgreich zu entschlüsseln und lenken zu können, kann also dein Leben bereichern!

Stell dir vor du reist in ein dir unbekanntes Land, dessen Landessprache dir nicht geläufig ist. Wie verständigst du dich mit der freundlichen Bedienung im Bäcker oder dem Händler auf dem Markt? Mit Körpersprache! Diese Sprache ist also weltweit universell einsetzbar, quasi die Grundsprache der Menschheit.

Im weiteren Verlauf dieses Kapitels erfährst du 10 Tipps, wie du auf ganz leichte Art und Weise deine nonverbale Kommunikation an sich und die Interpretation dieser verbesserst. Nehme dir für jede Taktik einige Tage Zeit zum Erlernen und fahre erst dann mit der nächsten Übung fort. So kannst du sichergehen, dass du die erlernten Fähigkeiten auch wirklich verinnerlicht hast und sie nutzen kannst! Abhängig von deinem jetzigen Wissensstand und der Fähigkeit deiner bewussten Anwendung und Interpretation der Körpersprache, kann dieser Prozess bis zu vier Wochen dauern. Jede Situation, in der du mit anderen Menschen in Kontakt trittst, ist eine potentielle Übungs-Situation. Nutze die dir gebotenen Chancen um deine Fähigkeiten auszubauen! Viel Erfolg!

10 Übungen zur Entschlüsselung nonverbaler Kommunikation

1. Das Verhalten im Kontext sehen! Zum Beispiel lachen Menschen in den verschiedensten Situationen. Aber nicht jede Situation ist gleich zu bewerten. Nach einem guten Witz in der Gesellschaft netter Menschen zu lachen, ist ganz natürlich. Welchen Eindruck aber hättest du, wenn du jemanden auf einer Beerdigung lachen siehst oder einer ähnlich ernsten Situation? In diesem Kontext würdest du ein Lachen ganz anders bewerten! Anhand dieses Beispiels möchte ich dir also nahebringen, dass der Kontext immer entscheidend für die richtige Interpretation ist!

Übung: Gehe raus und beobachte die Menschen in deiner Umgebung. Nimm ihre verschiedenen Reaktionen wahr und überlege dir, in welchen Situationen genau diese Reaktionen natürlich sind und in welchen Situationen sie dich misstrauisch machen würden! So wirst du trainieren den Kontext und die Körpersprache der Menschen auf Differenzen oder Harmonie zu überprüfen.

2. Diskretion beim Beobachten. Um die Körpersprache anderer Menschen zu erforschen, musst du diese gezielt beobachten. Zum einen ist es ziemlich unhöflich und für deinen Gegenüber recht unangenehm angestarrt zu werden. Zum anderen kann das übermäßige Anstarren deinen Gegenüber verunsichern und seine natürliche nonverbale spontane Kommunikation beeinflussen. Da du authentische Beispiele für Körpersprache sammeln

möchtest, solltest du so unauffällig wie möglich beobachten!

3. Wohlbefinden und Unwohlsein. Dies sind wohl die beiden Grundlagen der menschlichen nonverbalen Kommunikation und für eine schnelle Interpretation enorm wichtig. Die allermeisten Ausdrücke der Körpersprache lassen sich entweder dem Wohlbefinden der dem Unwohlsein zuordnen. Um sich einen schnellen Eindruck über eine bestehende Situation zu verschaffen, versuche das Verhalten deines Gegenübers näher zu betrachten und zu einer dieser Kategorien zuzuordnen.

Übung: Beobachte die Menschen in deiner Umgebung und versuche ihre Körpersprache zu kategorisieren – Wohlempfinden und Unbehagen. Versuche dir einzuprägen welche Gefühlsäußerungen und Bewegungen zu welcher Kategorie gehören.

4. Die Umgebung aufmerksam beobachten! Dies ist eine weitere Grundlage für die richtige Interpretation der nonverbalen Kommunikation deiner Mitmenschen. Denn wenn du nicht aufmerksam bist, wird dir wahrscheinlich ein wichtiger Teil dieser Kommunikation entgehen und möglicherweise ist dies auch die Ursache für Missverständnisse und falsche Interpretationen. Es ist ein entscheidender Unterschied, ob du das nonverbale Verhalten deiner Mitmenschen siehst oder ob du ihre Körpersprache auch beobachtest. Eine Vogelschar am Himmel sehen ist eine Sache, aber dies auch wahrzunehmen und aktiv zu verarbeiten, eine andere. So

wird aus einer Vogelschar durch die richtige Interpretation ein Vogelschwarm, der aufgrund des baldigen Winters in den Süden zieht! Die meisten Menschen sind heutzutage nicht mehr in der Lage, ihre Umgebung detailliert wahrzunehmen, und werden von Schicksalsschlägen oder ähnlichem überrascht. Diese Art der Aufmerksamkeit lässt sich aber trainieren und so wirst du in Zukunft nicht mehr von einem Regenschauer, der Unfreundlichkeit mancher Menschen oder ähnlichem überrascht.

Um deine Umgebung ganz intensiv wahrzunehmen, benötigst du vor allem Konzentration! Setze deine gesamten Sinne ein. Vernachlässige die Gerüche und Geräusche um dich herum nicht! Aufmerksame Mütter können Veränderungen am Geruch ihrer Kinder und damit zusammenhängende Krankheiten feststellen.

Übung: Trainiere zunächst in deiner Wohnung. Achte auf die typischen Geräusche, Gerüche, die Lichtverhältnisse und ähnliches. Was weist darauf hin, dass deine Katze zu Hause ist? Woran kannst du feststellen, ob dein Partner zu Hause oder auf der Arbeit ist? Weite diese Beobachtungen schließlich auf dein vertrautes Umfeld außerhalb deiner Wohnung aus und werde ein aktiver Beobachter der Details um dich herum. So wirst du auch in Zukunft nicht stimmige Details schnell feststellen.

5. Allgemeingültige Körpersprache wahrnehmen. Diese universell gültigen nonverbalen Zeichen gelten für jeden Menschen auf der ganzen Welt, da sie nicht kulturell bedingt oder erlernt wurden, sondern zum

urmenschlichen Verhaltensapparat gehören. Diese Reaktionen können die meisten Menschen nicht unterdrücken oder beeinflussen, da sie vor allem körperliche Reaktionen sind. Die Weitung der Pupillen bei Aufmerksamkeit, das Schwitzen bei Nervosität oder zitternde Hände bei einem Schock.

Übung: Beobachte das Verhalten der Menschen in deinem Umfeld und versuche diese universell gültige Körpersprache wahrzunehmen. Vielleicht kannst du auch an dir selbst einige dieser Reaktionen feststellen?

6. Individuelle Körpersprache. Wenn es eine universell gültige Körpersprache gibt, dann muss es auch eine individuelle Körpersprache geben. Diese Körpersprache ist zumeist kulturell geprägt. Diese individuelle Körpersprache kannst du am besten bei dir vertrauten Menschen wahrnehmen, da du schon ausreichend Gelegenheit hattest dich mit ihrer individuellen Körpersprache vertraut zu machen. So kannst du auch feststellen, wie die verschiedenen Menschen ihre Gefühle auf ganz unterschiedliche Weise nonverbal ausdrücken.

Übung: Beobachte dir vertraute Menschen und achte darauf welche speziellen individuellen nonverbalen Arten der Kommunikation sie haben!

7. Den Normalzustand kennen. Wie willst du eine kranke von einer gesunden Blume unterscheiden können, wenn du nicht weißt wie ihr Normalzustand ist? Auch Menschen haben einen Normalzustand, der sich natürlich von

Mensch zu Mensch ganz unterschiedlich zeigt. Wenn du den Normalzustand von Menschen kennst, hast du es leichter Veränderungen in ihrem Verhalten festzustellen.

Übung: Beobachte die Menschen in deiner Umgebung und versuche ihren Normalzustand herauszufinden. Beobachte auch wie sich dieser Normalzustand verändert!

8. Verhaltensänderungen wahrnehmen. Vor allem wenn du den Normalzustand von einigen dir vertrauten Menschen kennst, kannst du den Normalzustand von fremden Menschen schneller bestimmen. Dies ist notwendig, damit du Verhaltensänderungen schnell erfassen kannst. So kannst du dich im Idealfall durch deine Erfahrungswerte auf die bevorstehende Reaktion einstellen. Dies ist vor allem zum Schutz deiner eigenen Person von Vorteil! Bei plötzlich eintretenden Ereignissen verändert sich auch das Verhalten der betroffenen Personen. Eine plötzliche freudige Botschaft löst natürlich ganz andere Reaktionen als schlechte Nachrichten aus.

Übung: Beobachte die Menschen in deiner Umgebung und halte nach plötzlichen Verhaltensänderungen Ausschau! Versuche dir einzuprägen, welche Reaktionen nach einer plötzlichen Verhaltensänderung folgen.

9. Zusammenhängende Verhaltensweisen. Ein nonverbaler Ausdruck steht selten allein. Meist zeigen Menschen mehrere nonverbale Ausdrücke, die in einem Zusammenhang stehen. Sobald du eine solch zusammenhängende Abfolge von nonverbalen

Verhaltensweisen beobachten kannst, kannst du eine tiefergehende Interpretation der Situation vornehmen. Je mehr Details du beobachten kannst, desto besser kannst du die Gesamtsituation einschätzen und interpretieren. Ist ein Bewerber zu Beginn des Bewerbungsgesprächs nervös ist dies ganz normal. Im Idealfall beruhigt der Bewerber sich nach einigen Minuten und zeigt seine Aufmerksamkeit durch seine Körpersprache. Beginnt er bei bestimmten Fragen wieder Anzeichen von Nervosität zu zeigen und selbstberuhigende Maßnahmen, kannst du davon ausgehen, dass es einen Konflikt bei den angesprochenen Themen gibt!

Übung: Wieder geht es darum die Menschen in deinem Umfeld genau zu beobachten. Versuche einzelne Menschen in deiner Umgebung über einige Zeit zu beobachten und ihre aufeinanderfolgenden Signale ihrer Körpersprache wahrzunehmen und aus diesen Puzzleteilen ein stimmiges Gesamtbild zu formen!

10. Falsche Körpersprache. Nun bist du schon etwas geübt im Wahrnehmen der Körpersprache und bereit für diesen Schritt. Aufgrund deiner vorhergehenden Erfahrungen kannst du nun authentischer von falscher Körpersprache unterscheiden. Im Verlauf dieses Buches wirst du noch mehr detaillierte Informationen zur falschen Körpersprache erfahren. Durch die Wahrnehmung von falscher Körpersprache kannst du Lügen aufdecken, Gefahren wahrnehmen oder Missverständnisse erkennen.

Übung: Wieder geht es um die Beobachtung deiner Mitmenschen. Versuche herauszufinden, ob das Gesagte deines Gegenübers mit seiner Körpersprache übereinstimmt! Lachen beim Lachen die Augen mit? Achte auf die Differenzen!

Kapitel 2: Die häufigsten Interpretationsfehler

In diesem Kapitel erfährst du, welche die häufigsten Interpretationsfehler sind. Leider spielt uns unser Gehirn immer wieder Tricks, die unsere Interpretationen verfälschen. Um dies zu vermeiden, musst du die häufigsten Fehler kennen, so kannst du sie vermeiden!

Die vier in diesem Kapitel vorgestellten häufigen Interpretationsfehler „Täuschende Verknüpfungen", „Falsche Erwartungshaltungen", „Überschätzte Wahrscheinlichkeiten" und „Ausblendung von Aspekten" haben zwar nicht immer einen direkten Einfluss durch oder auf die nonverbale Kommunikation, hängen aber eng mit ihr zusammen! Diese Fehler solltest du nämlich vermeiden um dich durch falsche Antriebe lenken zu lassen. Du kannst dieses Wissen auch nutzen um andere Menschen von deinen Ideen oder Vorhaben zu begeistern!

Täuschende Verknüpfungen

Wie hieß der unbeliebteste Lehrer deiner Schule? Was verbindest du mit diesem Namen? Wahrscheinlich nichts Gutes! In unserem Gehirn gibt es unendlich viele dieser Verknüpfungen. Bestimmte Gerüche, Namen, Farben, Frisuren, Orte und ähnliches sind mit negativen oder positiven Erfahrungen verknüpft. Dies ist natürlich im Grunde genommen wichtig, um uns vor möglicherweise unschönen Erfahrungen zu bewahren; in den meisten Fällen berauben wir uns damit allerdings der Möglichkeit für neue Erfahrungen. Diese Verknüpfungen im Gehirn sind Teil unseres „Säugetier-Gehirns“. Du würdest dir beispielsweise niemals einen Hund kaufen, wenn du schon von einem Hund gebissen wurdest. Dies ist eine verständliche Verknüpfung. Eine eher unsinnige Verknüpfung sind beispielsweise Namen. Hast du einmal eine unsympathische Gudrun kennengelernt, wirst du der nächsten Gudrun in deinem Leben erstmal mit Misstrauen begegnen, obwohl diese Menschen nichts miteinander zu tun haben. Unser Unterbewusstsein trickst uns also manchmal aus, auch in Situationen in denen es nicht unbedingt notwendig ist.

Falsche Erwartungshaltungen

Dieser Interpretationsfehler steht im engen Zusammenhang mit dem vorherigen. Ich möchte dir diesen Interpretationsfehler kurz beispielhaft darstellen: Du arbeitest in einem Büro und deine Kollegen erzählen dir, dass ihr morgen einen neuen Kollegen bekommt. Einer deiner Kollegen erzählt, dass er diesen Kollegen bereits aus seiner Nachbarschaft kennt und weiß, dass dieser vor kurzem seiner Frau fremdgegangen ist. Dies muss nicht mal unbedingt der Wahrheit entsprechen! Du hast nun unter der Voraussetzung, dass du Fremdgehen ablehnst eine vor dem ersten Kennenlernen diesen Menschen bestehende Antipathie. Nun lernst du diesen neuen Kollegen am nächsten Morgen kennen und obwohl er einige sehr nette und sympathische Dinge erzählt, sich höflich verhält und insgesamt einen guten Eindruck macht, wirst du dies nicht unbedingt wahrnehmen. Stattdessen wirst du wahrnehmen, dass er einen Fleck auf seinem Pullover hatte, Probleme mit seinem Computer hatte und das Essen in der Cafeteria nicht mochte. Dies sind automatisierte kognitive Abläufe – dein Gehirn sorgt also dafür, für deinen ersten Eindruck weitere Hinweise zu finden. Hinweise, die nicht in dieses Bild passen, werden nicht wahrgenommen. Da diese Prozesse bei den meisten Menschen ganz unterbewusst ablaufen, können sie sich nicht gegen diese Fehlinterpretation wehren und werden in ihren Annahmen bestätigt, was sie wiederum glauben lässt, sie hätten eine gute Menschenkenntnis.

Dies funktioniert natürlich auch im umgekehrten Sinne! Wenn dein Gehirn positive Aspekte an einem Menschen finden möchte, dann werden dir die negativen Aspekte nicht auffallen.

Überschätzte Wahrscheinlichkeiten

Hierbei handelt es sich um die Bewertung und Einschätzung von Situationen, was wiederum eng mit dem vorher besprochenen Interpretationsfehler zusammenhängt. Wenn du beispielsweise eine Zeit lang auf deine Abschlussnote deiner Bachelorarbeit warten musstest, wirst du das Ergebnis mit großer Wahrscheinlichkeit wie folgt bewerten „Habe ich es mir doch gedacht." Unser Gehirn verschweigt uns also die anderen möglichen Wahrscheinlichkeiten und bewertet das endgültige als das wahrscheinlichste Ergebnis. Dein Gehirn passt also die Beurteilung des Ergebnisses an deine vorherigen

Gedankengänge an und versucht das endgültige Ergebnis als das von dir zuvor durchdachte zu verkaufen.

Ausblendung von Aspekten

Ein weiterer Interpretationsfehler ist es, verschiedene Aspekte nicht wahrzunehmen. Beispielsweise interpretieren viele Menschen das Verhalten anderer Menschen gemäß ihren eigenen Empfindungen. Wenn also eine Verabredung abgesagt wird, kann dies an einer plötzlichen Erkältung, einem Notfall oder ähnlichem liegen. Manche Menschen denken sich aber „Diese Person hat wohl kein wahres Interesse an mir." Diese Interpretation entspricht nicht den Tatsachen, sondern den eigenen Denkweisen. Wir neigen also dazu, das Verhalten unserer Mitmenschen sehr intensiv auf uns selbst zu beziehen. Die äußerlichen Umstände werden also für die eigenen Einstellungen oder Verhaltensweisen verantwortlich gemacht. Unser Gehirn findet schnell die passende falsche Interpretation des Verhaltens des Gegenübers, das zu unserer eigenen Einstellung und zu den erwarteten Verhaltensweisen passt.

Dieses Wissen nutzen

Wie genau kannst du nun das Wissen über diese Fehlinterpretationen nutzen? Beobachte dich selbst einmal über einige Zeit. Welche dieser Fehlinterpretationen „Täuschende Verknüpfungen", „Falsche Erwartungshaltungen", „Überschätzte Wahrscheinlichkeiten" und „Ausblendung von Aspekten" fällst du zum Opfer? In welchen Situationen bist du besonders empfänglich für solche Fehlinterpretationen? Sobald du mehr über dich selbst weißt und deine Schwachpunkte kennst, kannst du daran arbeiten diese eigentlich oberflächlichen

Fehlinterpretationen zu vermeiden und dein kritisches Denken zu schärfen!

Wahrscheinlich wirst du es nicht gänzlich vermeiden können, dass auch du hin und wieder in die Falle der „Täuschende Verknüpfungen“, „Falsche Erwartungshaltungen“, „Überschätzte Wahrscheinlichkeiten“ und „Ausblendung von Aspekten“ tappst. Aber sobald dir die Existenz dieser Mechanismen bekannt ist, kannst du sie beobachten und abändern. Nur was wir kennen, können wir ändern. Nur so lassen sich Verhaltensweisen und Gewohnheiten ändern.

Speziell im Berufsleben ist es von Vorteil, diese Mechanismen und Interpretationsfehler zu kennen - im Umgang mit Klienten oder Kollegen, dem Chef oder möglichen Geschäftspartner. So wirst du es schnell entdecken, falls jemand versucht, dich unterbewusst zu beeinflussen, und kannst dem entgegenwirken.

Wenn du nun das nächste Mal Vorurteile oder Voreinstellungen hast, lohnt es sich diese zu hinterfragen und zu überdenken, ob kognitive Verknüpfungen aufgrund vorangegangener Erfahrungen bestehen. Liegt es vielleicht am Namen, an der Frisur oder am Ort? Sprichst du einer Person oder Situation Charakteristika zu, die du von einer anderen Person oder Situation aus deiner Vergangenheit kennst? Du kannst diese inneren, unbewussten und natürlichen Prozesse überlisten und für dich nutzen!

Sobald du diese Verhaltensweisen bei dir selbst näher beobachtet und korrigiert hast, kannst du die Menschen in deiner direkten Umgebung dahingehend beobachten. Welche dieser Verhaltensweisen kannst du in deinem Alltag beobachten? Und welchen Nutzen ziehen möglicherweise andere Menschen aus diesen Mechanismen?

Kapitel 3: Die Sprache unserer Körperteile

In diesem Kapitel erfährst du einige Details über die verschiedenen Ausdrucksweisen unserer unterschiedlichen Körperteile. Du lernst einige handfeste Hinweise zur Interpretation der Körpersprache deiner Mitmenschen und dir selbst kennen! All diese Verhaltensweisen sind natürlich immer im situativen Kontext zu sehen und niemand auf dieser Welt ist der perfekte Menschenkenner. Sei also vorsichtig mit deinen Interpretationen - es besteht immer ein Risiko, dass du Unrecht hast!

Nehme dir für jeden Körperbereich ein wenig Zeit, um ihn zunächst an dir selbst und dann an deinen Mitmenschen zu beobachten!

Der Oberkörper

Der Oberkörper verrät Einiges über die Absichten und Gefühle deines Gegenübers. Unsere wichtigsten Organe befinden sich in unserem Oberkörper, sodass wir diesen natürlich vor Angriffen schützen möchten.

Wenn sich dein Gegenüber zu dir hin wendet, bedeutet dies Interesse. Bewegt dein Gegenüber seinen Oberkörper während eurer Unterhaltung gezielt von dir weg, wenn es unbewusst geschieht, bedeutet dies nicht unbedingt Sympathie. Da dies an sich eine recht anstrengende Bewegung ist, führt der Körper diese niemals ohne Grund aus! Die Redewendung „Jemanden den Rücken zudrehen“ ist also aufgrund unserer unbewussten Bewegungen des Oberkörpers zu interpretieren. Wir wenden uns mit unserer vorderen Körperseite Dingen zu, die wir mögen, und kehren uninteressanten oder unliebsamen Dingen oder Personen unsere weniger empfindliche und weniger aufnahmefähige Rückseite zu.

Wenn wir uns unwohl fühlen, neigen wir dazu unsere Arme oder einen Gegenstand schützend vor unseren Oberkörper zu halten oder unsere Jacke zu schließen. Vielleicht kennst du dieses Verhalten von dir selbst – am ersten Tag im neuen Büro wirst du wahrscheinlich nicht mit weit geöffneten Armen ins Büro gerannt sein, sondern eher mit einem Arm oder deiner Tasche schützend vor deinem Oberkörper. So wird Unbehagen ausgedrückt.

Auch das Schulterzucken bietet einige Interpretationsmöglichkeiten. Wollen Menschen ihre ernsthafte Unkenntnis über etwas ausdrücken, zucken sie unbewusst und durch ihr Unterbewusstsein kontrolliert mit beiden Schultern gleichzeitig. Dies zeigt die Übereinstimmung von Gesagtem und Gemeintem. Wir allerdings nur eine Schulter hochgezogen oder die Schultern nicht ganz hochgezogen, kann dies auf eine Differenz zwischen Gesagtem und Gemeintem hinweisen. Dein Gegenüber möchte offensichtlich einer Aussage ausweichen!

Andererseits ziehen unsichere Menschen ihre Schultern oft langsam und langanhaltend hoch, um sich selbst eine schützende Haltung zu geben. Sie versuchen sozusagen zwischen ihren Schultern zu verschwinden.

Welche dieser Verhaltensweisen und Bewegungen kennst du von dir selbst? Und welche dieser Verhaltensweisen und Bewegungen kannst du bei den Mitmenschen in deiner Umgebung beobachten?

Die Füße und Beine

Seit Anbeginn der Menschheit müssen unsere Füße unglaublich schnell auf äußere Gegebenheiten reagieren. Greift dich ein Tiger an? Dann musst du schneller weglaufen können, als du denken kannst! Unsere Füße sichern also unser Überleben und sind ganz eng mit unserem Stammhirn verknüpft und das seit Tausenden Jahren! Dies hat zur Folge, dass unsere Füße und Beine unsere negativen und positiven Emotionen ganz schnell und instinktiv widerspiegeln. Unsere Füße verraten also besonders viel über uns! Es lohnt sich also deinen Mitmenschen genau auf die Füße zu gucken!

Wippende Füße zeigen in der Regel Freude und Aufregung. Diese Bewegungen kannst du auch wahrnehmen, wenn du nicht direkt auf die Füße deines Gegenübers siehst, denn diese Bewegungen beziehen den gesamten Körper mit ein! Sofern dein Gegenüber keine Erkrankung hat oder generell ein sehr nervöser Typ ist, kann dieses Wippen also auf Freude hinweisen!

Aber was können Wippende Füße noch verraten? Nervosität! Das Wippen der Füße ist also immer im gesamten situativen Kontext zu sehen!

Achte auch darauf, in welche Richtung die Füße deines Gegenübers zeigen. Sind die Füße deines Gegenübers dir zugewandt, drückt dies sein Interesse an dir und eurer Konversation aus. Zeigen die Füße in eine andere Richtung, würde sich dein Gesprächspartner wahrscheinlich lieber wortwörtlich von dir abwenden. Die Füße zeigen also zumeist in die Richtung, in der die Person sich gerne bewegen würde. Zeigen die Füße deines Gesprächspartners also Richtung Ausgang, hat er wohl noch eine dringende Verabredung.

Wenn sich dein sitzendes Gegenüber ans Knie greift, kann dies übrigens auch bedeuten, dass er sich verbschieden möchte. Beim Aufstehen lehnen Menschen sich nach vorne und stützen sich mit ihren Händen meist auf den Knien ab. Legt dein Gegenüber also seine Hände auf die Knie, ist das ein Anzeichen für seinen gewünschten Aufbruch.

Auch an der Gangart kannst du einiges ablesen! Ist der Gang federnd oder schleifend? Schnell und gezielt oder langsam und zögernd? Am Art des Ganges kannst du unglaublich viel über den Gemütszustand deines Gegenübers (und dir selbst!) ablesen. Auf den Zehenspitzen wippen ist ein untrügliches Zeichen für Freude!

Ein Anzeichen für Konkurrenzverhalten ist das breitbeinige Stehen. Damit deuten Menschen ihre überlegene Position an. Diese Haltung mag manchmal sogar drohend anmuten. Grundsätzlich versuchen Menschen so, mehr Raum als andere Menschen einzunehmen und ihre überlegene Haltung auszudrücken. Dies kann als Reaktion auf eine Bedrohung oder als Angriff gesehen werden. Natürlich muss daraufhin nicht immer eine handfeste Auseinandersetzung folgen, sondern kann auch durchaus im beruflichen Kontext geschehen. Um deine Autorität zu beweisen, kannst du also einen breitbeinigen Stand einnehmen.

Die allgemeine Körperhaltung

Wie sitzt du bei dir zu Hause auf dem Sofa? Sitzt du so auch auf deinem Bürostuhl? Wahrscheinlich nicht! Das „Hinfläzen“ auf dem Sofa, also das ungehinderte Ausbreiten, zeigt einen territorialen Anspruch. Dies ist kein Problem solange es sich um dein eigenes Sofa handelt. Im Gespräch mit deinem Vorgesetzten kann dies allerdings überheblich und aggressiv wirken.

Des Weiteren kannst du diese Verhaltensweise möglicherweise bei anderen Menschen beobachten und ihre innere wahre Einstellung zu der momentanen Situation ableiten. Auch das „Aufplustern“ ist ein Hinweis auf territoriale Ansprüche und Aggressionen. Dieses Verhalten ist auch bei Affen zu erkennen, die ihrem Gegenüber durch das künstliche Vergrößern ihres Brustkorbs versuchen Angst einzuflößen. Falls du dieses Verhalten bei Menschen entdeckst, verheißt das zumeist nichts Gutes und möglicherweise steht eine handfeste Auseinandersetzung bevor.

Die Atmung.

Die Atmung deiner Mitmenschen zu beobachten ist nicht immer leicht!

Eine schnelle Atmung deutet auf Stress hin, da der Körper als eine Art Fluchtreflex versucht möglichst viel Sauerstoff durch eine schnellere Atmung in den Körper zu pumpen, um auf eine mögliche Flucht vorzubereiten. Dies kannst du anhand der

Bewegungen des Brustkorbs beobachten. Dabei solltest du bei vor allem bei Frauen mehr als subtil vorgehen!

Die Arme

Natürlich wollen uns an dieser Stelle auch der nonverbalen Ausdrucksstärke der Arme widmen! Denn auch hier bestehen einige Möglichkeiten um Gefühle auszudrücken! Auch unsere Arme sind ganz eng mit unserem limbischen System verbunden und zeigen zumeist unbewusste Reaktionen auf die Umwelt an.

Beim Jubeln beispielsweise heben wir unsere Arme weit über den Kopf hinaus, trotzen also der Schwerkraft. In diesem Moment des Glücks fühlen wir uns unverletzbar und benötigen unsere Arme nicht zum Schutz unseres Oberkörpers, wofür wie sie meist einsetzen.

Falls die Arme ohne Spannung am Körper herunterhängen, ist dies zumeist ein direkter Spiegel einer entsprechend mutlosen Gefühlslage.

Wie bereits in dem Teil über die Körpersprache des Oberkörpers erwähnt, nutzen Menschen ihre Arme häufig um in unangenehmen Situationen ihren Oberköper zu schützen. Menschen die ängstlich sind, halten ihre Arme gewöhnlich eng am Körper. Wenn du die Möglichkeit hast zwei Menschen bei einem Streit zu beobachten, wirst du feststellen, dass sie ihre Arme ganz nah am Körper halten, um ihren Gegenüber nicht zu ängstigen oder durch ein solches Missverständnis Aggressionen bei ihrem Streitpartner auszulösen.

Traumatisierte Menschen halten ihre Arme meist ganz bewegungslos und starr am Körper als Ausdruck ihrer Angst. Diese Bewegungsstarre kennen wir auch aus dem Tierreich – sie ist eine Überlebensstrategie!

Wie begrüßt du dein Kind oder deinen Hund? Mit ausgebreiteten Armen? Hoffentlich! Denn ausgebreitete Arme signalisieren Vertrauen, Freude und Bereitschaft zum Körperkontakt. So lassen wir unseren Gegenüber ganz nah an unseren Oberkörper und somit an unsere wichtigsten Organe! Das Gegenteil von weit geöffneten Armen sind die hinter dem Rücken verschränkte Arme. Diese signalisieren nämlich – Bitte nicht anfassen! In einem solchen Fall ist keine Intimität gewünscht und meist wird damit sogar eine superiore Position ausgedrückt.

Achte auch einmal darauf wie Menschen Gegenstände halten. Halten Sie ihre Kaffeetasse nah an sich? Oder halten sie einen Müllbeutel weit von sich entfernt? Dies ist auch Ausdruck unseres Wohlbefindens oder Unwohlseins! Potentiell ekelige, gefährliche oder unangenehme Gegenstände halten wir möglichst weit von uns entfernt, wohingegen wir geliebte, wichtige und wertvolle Gegenstände meist dicht an uns halten. Dies kannst du auch bei der Begrüßung und bei der Verabschiedung feststellen! Umarmen sich Menschen ganz innig, oder halten sie durch Händeschütteln größtmöglichen Abstand voneinander?

Was unsere Finger über uns verraten

Natürlich dürfen die Finger in dieser Liste nicht fehlen! Unsere Finger sind zu unglaublich feinen und genauen Bewegungen im Stande und dementsprechend detailliert spiegeln sie auch unsere Gefühlslage wider.

Viele Menschen nutzen ihre Hände um ihrem Gesagten einen stärkeren Ausdruck zu verleihen. An starken charismatischen Rednern kannst du dies wunderbar beobachten! Die Bewegung der Hände ist ein Teil einer guten Rhetorik!

Da wir theoretisch unsere Mitmenschen mit unseren Händen angreifen könnten, ist es unser Urinstinkt unseren Mitmenschen auf die Hände zu schauen um potentielle Gefahren rasch zu erkennen. Versteckt dein Gegenüber seine Hände hinter seinem Rücken, hält er vielleicht ein Geschenk für dich bereit oder hält eine Waffe in seinen Händen? Natürlich gibt es noch eine Vielzahl weiterer Möglichkeiten, aber was ich dir damit nahebringen möchte ist, dass sichtbare Hände die Lage zwischen zwei Menschen ungemein entspannt. Sobald die Hände unseres Gesprächspartners aus unserer Sichtweite verschwinden, richtet sich ein Teil unserer Aufmerksamkeit darauf.

Wie fühlt sich dein eigener Handschlag an? Hast du schon einmal darüber nachgedacht? Ein fester Händedruck strahl Selbstbewusstsein und Sicherheit aus. Dies ist gleich zur Begrüßung ein toller erster Eindruck! Zumindest in unserer westlichen Welt präferieren Menschen einen festen Händedruck, auch wenn dies in anderen Kulturen ganz anders ist!

Mit unseren Händen können wir allerhand machen. Wenn wir nervös sind, zupfen wir beispielsweise an uns selbst herum, entfernen hier einen unsichtbaren Fussel, streichen unsere Kleidung glatt oder ähnliches. Wenn du also selbstsicher wirken möchtest, dann solltest du solche Bewegungen auf jeden Fall vermeiden. Wenn wir nervös sind oder uns unglaublich freuen werden Neurotransmitter und Hormone ausgeschüttet, die unter anderem dazu führen, dass unsere Hände zittern. Dies können wir so aktiv also nicht unterdrücken, sondern dies ist eine körperliche Reaktion. Auch hier kommt es natürlich auf den Kontext an!

Ein weiterer interessanter Punkt ist, wie Menschen mit ihren Händen sich selbst und andere berühren. Streicht dein Gegenüber sich durchs Haar, berührt sich an Lippen oder Hals? Dann steckst du wohl mitten in einem Flirt!

Unsere Mimik

In unserem Gesicht befinden sich unglaublich viele Muskeln, die es zulassen, dass wir so viele unterschiedliche und detailreiche Gesichtsausdrücke produzieren können. Dadurch unterscheiden wir uns von allen anderen Lebewesen auf diesem Planeten! Die allermeisten Gesichtsausdrücke entstehen spontan und unbewusst, sind also Teil der schon zuvor besprochenen allgemeingültigen nonverbalen Kommunikation und somit weltweit einsetzbar. Du wirst ein überraschtes Gesicht auf jedem Kontinent dieser Welt erkennen können. Es ist dementsprechend relativ schwierig diesen Teil der nonverbalen Kommunikation zu fälschen und du kannst davon ausgehen, dass du die spontane Mimik der meisten Menschen als authentisch einstufen kannst.

Allerdings haben wir im Laufe unseres Lebens auch gelernt unsere spontane Mimik teilweise zu unterdrücken. Manche Menschen beherrschen dies besser als andere und haben ein sogenanntes „Pokerface", dem man keine Emotionen ablesen kann. Ein wichtiger Indikator ist deshalb, die Mimik dahingehend zu überprüfen, ob sie mit dem nonverbalen Ausdruck des restlichen Körpers zusammenpasst.

Zeichen der Anspannung können aufeinander gepresste Lippen, angespannte Kiefermuskeln, gesenkte Augenbrauen, eine starre Hals- und Nackenmuskulatur, bebende Nasenflügel oder Augenblinzeln sein. Verengte Augen sind fast immer ein Zeichen von Skepsis, Unwohlsein oder Misstrauen! Auch wenn diese Körpersprache sehr subtil ist, mit ein wenig Übung wirst du sie schnell erkennen lernen!

Zeichen für positive Emotionen können aufmerksame Augen, gehobene Augenbrauen, eine glatte Stirn, volle Lippen und ein zur Seite geneigter Kopf sein. Durch das Neigen des Kopfes zeigen wir unsere empfindliche Stelle - den Hals. Dies ist also zugleich auch ein Vertrauensbeweis! Weit geöffnete Augen zeigen, dass wir überrascht oder glücklich sind. Durch weit geöffnete Augen können wir visuelle Reize besser wahrnehmen. Diese kleinen Feinheiten können wir natürlich auch an den Pupillen erkennen, dazu müssen wir unserem Gesprächspartner aber sehr nahe stehen!

Ein weiterer wichtiger Indikator zum Lesen des Gegenübers ist der Blickkontakt. Vermeidet dein Gegenüber den direkten Blickkontakt scheint er wohl unsicher oder sehr konzentriert zu sein? Starrt dein Gegenüber dich nieder - dies könnte Aggressionen oder Wut andeuten! Ein liebevoller intensiver Augenkontakt ist vor allem zwischen Liebespaaren und Müttern und ihren Kindern häufig zu beobachten. Durch Blickkontakt zeigen wir unser Interesse, unsere Aufmerksamkeit, unsere Führsorge und natürlich auch unsere Liebe!

Und wie steht es um unseren Mund? Was bedeutet ein Lächeln? Ein Lächeln kann vieles bedeuten. In unserer westlichen Welt ist es höflich und kulturell etabliert fremde Menschen aus Gründen der Höflichkeit mit geschlossenem Mund anzulächeln. Sei es zum Abschied, zur Begrüßung oder während eines Gesprächs. Bei einem echten Lächeln zeigen wir unsere Zähne und bei einem ernst gemeinten Lachen werfen wir unseren Kopf in den Nacken und schließen die Augen. Ein echtes Lächeln oder Lachen von einem kulturell notwendigen oder vorgetäuschten Lächeln oder Lachen zu unterscheiden ist also nicht schwer!

Kapitel 4: Weitere Tipps und Tricks

In diesem Kapitel lernst du einige weitere Tipps und Tricks rund um das Thema Körpersprache kennen, die nicht mit der Körpersprache in direkter Verbindung stehen und dennoch einen wichtigen Teil ihrer richtigen Interpretation ausmachen!

Die Kleidung

Natürlich hat die Kleidung nicht direkt etwas mit der Körpersprache zu tun. Dennoch ist sie ein wichtiger Hinweis auf die Persönlichkeit und die Gefühlswelt deiner Mitmenschen.

Nicht nur die Farbe, sondern auch der generelle Stil spielen eine wichtige Rolle bei der gesamten Interpretation einer Person. Was sagt also ein schicker Anzug über einen Geschäftsmann aus? Es ist ein Hinweis auf seinen Erfolg! Wahrscheinlich wirst du auf dem Wacken Festival niemanden im Anzug finden - dort wirst du einen Kleidungsstil finden, der die Zugehörigkeit zu einer bestimmten sozialen Gruppe beschreibt vorfinden.

Ob sich Menschen vorwiegend in teuren Marken oder verlottert kleiden, ist zumeist ein Hinweis auf mangelndes Selbstwertgefühl. Kleiden sich Menschen ihrer Figur und ihrem Typ entsprechend, scheinen sie sich dessen bewusst zu sein und ihren Stil unabhängig von Modediktaten zu suchen. Auch Schmuck und Tätowierungen wirken dementsprechend.

Du kannst also deine Kleidung ganz bewusst nutzen um deine Zugehörigkeit, deinen Status und dein Selbstbewusstsein zu zeigen!

Die Körperpflege

Neben der Kleidung ist die Körperpflege ein weiterer entscheidender Hinweis auf das Gefühlsleben der Menschen. Sorgt sich ein Mensch um sich selbst? Versteckt sich ein Mensch hinter einer dicken Schicht Make Up? Wie wichtig ist das eigene Aussehen?

Die Folge von psychischer Störungen oder traumatischen Belastungen ist zumeist, dass die betroffenen Menschen sich weniger pflegen, da das psychische Überleben im Vordergrund steht.

Ganz besonders kannst du an der Gepflegtheit der Hände deiner Mitmenschen vieles über ihre Gefühlslage und ihr Leben ablesen. Narben verraten dir, dass diese Person ihre Hände eventuell handwerklich nutzt. Abgekaute Fingernägel zeigen häufige Unsicherheit oder Nervosität. Schön gepflegte Hände zeigen Selbstachtung! Wie steht es um deine Hände?

SCHLUSSWORT

Ich hoffe, dir hat dieses Buch gefallen!

Die zehn Übungen im ersten Kapitel haben dir hoffentlich dabei geholfen deine Mitmenschen aufmerksamer zu beobachten, Details zu erkennen und grobe Interpretationen zu treffen. Du solltest nun auch einiges mehr über deine eigene Körpersprache kennen und die Unterschiede zwischen der allgemeingültigen und individuellen nonverbalen Kommunikation erkennen.

Du weißt nun, was „Täuschende Verknüpfungen", „Falsche Erwartungshaltungen", „Überschätzte Wahrscheinlichkeiten" und „Ausblendung von Aspekten" sind. Je bewusster du dir über diese Fehlinterpretationen bist, desto besser kannst du diese kontrollieren und dein Verhalten korrigieren. Zusätzlich kannst du dieses Wissen nutzen um die Meinungen anderer Menschen zu beeinflussen! Zudem hast du im Idealfall dein eigenes Verhalten, deine Angewohnheiten und deine Beeinflussbarkeit näher betrachtet und einiges über dich selbst gelernt! Diese inneren Prozesse sind zwar ganz natürlich und sinnvoll, aber sie berauben uns auch einiger Erfahrungen und Toleranz. Es lohnt sich also die eigenen Verhaltensweisen genau zu beobachten und neu zu bewerten.

Du hast gelernt, welche Bewegungen des Oberkörpers, der Beine, der Füße, die Atmung, die allgemeine Körperhaltung, die Arme oder die Arme was bedeuten könnten. Auch hier ist natürlich die Bewertung unter Berücksichtigung des gesamten Kontexts sinnvoll! Die Bewegungen deiner Gliedmaßen kannst du natürlich mit bloßer Beobachtung kennenlernen und mit ein wenig Übung und Konzentration auch verändern und anpassen. Dies geht mit deiner Mimik natürlich nicht so leicht, diese musst du wohl vor dem Spiegel üben! Außerdem weißt du jetzt, was ein kulturell bedingtes Lächeln von einem authentisch und vertrauen Lächeln unterscheidet.

Sobald du ein aufmerksamer Beobachter deiner Umgebung geworden bist und dir die verschiedensten nonverbalen Ausdrücke zu Eigen gemacht hast, kannst du viel gezielter auf deine Mitmenschen eingehen und sie mit deinen tollen Menschenkenntnissen überraschen! Du kannst ehrliche von unehrlichen Absichten unterscheiden lernen! Natürlich kannst du auch deine eigene Körpersprache optimieren um den Menschen in deiner Umgebung dein Selbstvertrauen zu zeigen und dein Vertrauen auf ganz subtile aber effektive Weise mitzuteilen.

Ich wünsche dir weiterhin viel Spaß und Erfolg beim Lesen der Körpersprache!

MANIPULATIONSTECHNIKEN

EINLEITUNG

Das Wort Manipulation ist mit einem negativen Beigeschmack konnotiert, obwohl die Manipulation eigentlich zu unserem menschlichen Verhaltensrepertoire gehört – und wir alle manipulieren einander tagtäglich! Wir manipulieren um unsere Ziele schneller, effektiver und besser zu erreichen, andere von unseren Vorhaben zu überzeugen, uns Vorteile zu verschaffen oder Sympathie zu ernten. Nicht nur du manipulierst deine Mitmenschen, sondern deine Mitmenschen auch dich! Und schon kleine Kinder manipulieren ihre Eltern – wenn sie diese eine bestimmte Spielsache oder Süßigkeiten haben möchten. Und Kinder sind wahre Meister der Manipulation! Wie du siehst, gehört die Manipulation unserer Mitmenschen zum Alltag und ist daher nichts Verwerfliches.

Wir sind täglich der Manipulation durch unsere Mitmenschen ausgesetzt, aber auch Werbung für Produkte von verschiedenen Unternehmen, politische Parteien, Wohltätigkeitsorganisationen oder Religionsgemeinschaften versuchen uns zu beeinflussen. Nur ist nicht jeder gleichsam erfolgreich mit seinen Manipulationstechniken. Die manipulative Beeinflussung von Menschen ist schon lange kein Neuland mehr, sondern es gibt eine Vielzahl von echten Profis die Manipulationstechniken erlernt haben, diese erforschen und sich mit der psychologischen Seite der Manipulation beschäftigen.

Woran liegt es, dass wir uns täglich fremdbestimmen lassen und entgegen unserer eigenen Interessen zu Gunsten anderer handeln? Wie kannst du deine manipulativen Techniken verbessern um deine Interessen besser durchzusetzen? Und wie kannst du dich vor Fremdeinflüssen schützen? In diesem Buch findest du die Antworten auf diese Fragen! Und schon einmal vorab: Die Manipulation ist kein Zauberwerk – unser menschlicher Verstand funktioniert nach bestimmten Gesetzen und Regeln. Sobald du diese Regeln verstanden hast, kannst du dich einfacher vor der manipulativen Beeinflussung durch andere schützen, aber auch deine Manipulationstechniken zum Durchsetzen deiner Interessen verbessern. Zwar kannst du dich nur durch dein Wissen über die verschiedenen Manipulationstechniken nicht gänzlich vor ihrem Einfluss schützen, doch kannst du den Einfluss mit ein wenig Übung schmälern!

Wahrscheinlich weißt du gar nicht, wie einfach andere Menschen oder Organisationen dich beeinflussen können und möglicherweise werden dich einige Erkenntnisse und Informationen in diesem Buch erschrecken, denn wir Menschen sind ganz schön einfach zu manipulieren!

In diesem Buch erfährst du einiges über die Gemeinsamkeiten zwischen dem automatischen Verhalten von Tieren und Menschen und welche Bedeutung unsere Emotionen und unser rationales Denken bei manipulativen Situationen haben. Zudem lernst du, warum diese Manipulationstechniken überhaupt wirken! Klar, die Manipulationstechniken gucken wir uns auch noch genauer an: Dich erwarten fünf Gesetze der Manipulation mit Beispielen, praktischen Tipps zum Selbstschutz und Tricks zur Anwendung!

Ich wünsche dir viel Spaß beim Lesen und Lernen!

Kapitel 1: Menschliche Verhaltensprogramme

In diesem Kapitel wollen wir einen Blick auf die verschiedenen automatisierten Verhaltensprogramme von Menschen und Tieren blicken. Diese Verhaltensprogramme sind der Grund dafür, dass wir manche unserer Entscheidungen nicht so frei treffen, wie wir eigentlich glauben es zu tun!

Verhaltensprogramme bei Tieren

Tiere sind keine rational denkenden Wesen nach unseren heutigen Erkenntnissen. Dementsprechend treffen sie Entscheidungen nicht bewusst, sondern auf Grundlage verschiedener angeborener Verhaltensprogramme, die unseren menschlichen Verhaltensprogrammen ganz ähnlich sind. Bestimmte Reize lösen bei Tieren dazu passende Reaktionen aus. Beispielsweise lösen die Laute von neugeborenen Tieren den Mutterinstinkt bei den erwachsenen Tieren aus. Diese Reiz-Reaktions-Abfolgen gibt es für jeden Lebensbereich, egal ob bei der Paarung, der Brutpflege oder der Abwehr von Feinden. Diese Reiz-Reaktions-Abfolgen können sehr simpel sein oder je nach Intelligenzgrad des Tieres auch ein wenig komplexer. Jetzt ist natürlich die Frage welche dieser Reiz-Reaktions-Abfolgen gibt es bei uns Menschen und welchen Entscheidungsspielraum haben wir innerhalb dieser Abfolgen? Gibt es gänzlich automatisch ablaufende Abfolgen? Das sehen wir uns näher an!

Verhaltensprogramme bei Menschen

Bei uns Menschen gibt es von Geburt an etablierte und dazugelernte automatisierte Verhaltensprogramme. Beispielsweise ist das Halten eines Kaffeebechers zwar voll automatisiert, aber nicht von Geburt an vorhanden – unsere Gewohnheiten sind selbstgeschaffene automatisierte Verhaltensprogramme. Evolutionär bedingte automatisierte Verhaltensprogramme bei Menschen sind beispielsweise das Atmen oder die Reaktion auf bestimmte Hormone. Diese automatisierten Verhaltensprogramme erleichtern uns das Leben ganz schön – wie wäre es, wenn du jedes Mal darüber nachdenken müsstest, wie genau Fahrrad fahren geht? Wir hätten einen ziemlich stressigen Alltag!

Nun, was haben diese Verhaltensprogramme mit Manipulation zu tun? Geschickte Manipulation spricht uns so an, dass wir unbewusst automatisch zu Gunsten des Manipulators reagieren. So funktioniert Werbung – durch die erfolgreiche Anwendung von Beeinflussung werden Gedanken und dazugehörige Verhaltensmuster angesprochen, die unsere rationalen Überlegungen nicht miteinschließen. Und diese Techniken müsse nicht einmal sehr kompliziert sein! Gebe den Menschen Gründe und sie werden sich eher auf dein Vorhaben einlassen: Ich brauche heute Zeit für mich. Wie wirkt das? Und wie wirkt: Ich brauche heute Zeit für mich, weil ich Geschenke für die Kinder einkaufen möchte. Die meisten Menschen reagieren auf das kleine aber feine Wort „weil“ mit einem automatisierten

Verhaltensprogramm, da wir gelernt haben, dass auf das Wort „weil" zumeist ein guter Grund folgt. Da dieser Reflex unbewusst ist, kommt es auch gar nicht so sehr auf die Quantität des Grundes an! Wie frei sind wir also in unserer Entscheidungsfreiheit? Wie viele dieser unbewussten automatischen Verhaltensprogramme machen unsere Entscheidungen aus?

Die Freiheit unserer Entscheidungen

Leider muss ich dir an dieser Stelle mitteilen, dass rund 90% unserer Entscheidungen unterbewusst von emotional gesteuerten Programmen gefällt werden. Wir haben also große Ähnlichkeit mit Tieren, nur dass unsere Programme wesentlich komplexer und vielzähliger sind. Und hier setzt das Wissen über Manipulationstechniken ein: Wer diese unterbewussten Mechanismen kennt, kann sie ansprechen und so die Reaktion der Menschen zu seinen Gunsten beeinflussen. Zudem können sich Menschen mit dem Wissen über Manipulationstechniken leichter vor Manipulation schützen oder sie zumindest aufspüren. Obwohl wir nicht sehr frei in unseren Entscheidungen sind, können wir doch einiges dafür tun mehr Bewusstsein in unsere Entscheidungen zu bringen! Lass uns einen Blick auf die verschiedenen Manipulationstechniken werfen!

Kapitel 2: Die 5 wichtigsten Gesetze der Manipulation

Natürlich gibt es noch mehr als die in diesem Buch vorgestellten fünf Manipulationstechniken, aber diese fünf sind die Wichtigsten. Du wirst beim Lesen sicherlich feststellen, dass du diese fünf Methoden selbst schon einmal zur Manipulation angewendet hast und dass du schon durch sie manipuliert worden bist. Menschen, die sich aus beruflichen oder persönlichen Gründen tiefergehend mit den verschiedenen Manipulationstechniken sowie ihrer Anwendung und Abwehr auseinandergesetzt haben, sind beim Manipulieren zumeist viel erfolgreicher. Politiker, Sektenführer, Verkäufer, Spendensammler und Menschen aus ähnlichen Tätigkeitsbereichen haben sich intensiv mit den menschlichen Reiz-Reaktions-Abfolgen und den verschiedenen Manipulationstechniken auseinandergesetzt und können diese dementsprechend effektiv einsetzen. Es ist ein wenig so, als würdest du zum ersten Mal ein Fotoalbum gestalten - das wäre wahrscheinlich nicht das schönste Fotoalbum der Welt! Aber mit ein wenig Übung und Know-How über die Positionierung, Kombination und Gestaltungstechniken wird dein nächstes Fotoalbum schöner und so ist es auch mit den Manipulationstechniken. In diesem Kapitel lernst du fünf der wichtigsten Manipulationstechniken kennen, erfährst wie du sie selbst anwendest oder abwehrst!

Nummer Eins: Die Knappheit

Dieses Gesetz der Manipulation ist wohl das einfachste: Ist ein Gut nur begrenzt verfügbar, steigt dessen Wert, Beliebtheit und Nachfrage. Dieses automatisierte Verhaltensprogramm basiert auf unserem Urinstinkt des Futterneids - es geht hier ums Überleben! Wir haben Angst nicht genügend Ressourcen abzubekommen. Eine unglückliche Kombination aus Gier und Angst, die schon seit den jüngsten Tagen der Menschheit besteht und dementsprechend tief verwurzelt ist. Also eine klasse Gelegenheit hier manipulativ einzugreifen, denn je unbewusster der Mechanismus abläuft und je tiefer er in unserem Unterbewusstsein verankert ist, desto einfacher ist es ihn anzusprechen und erfolgreich damit zu arbeiten.

Unsere Verlustangst wird täglich angesprochen, egal ob vom begrenzt gültigen Angebot im Supermarkt, von den begrenzten Sitzplätzen in einer renommierten Theateraufführung oder ähnlichem. Unser Drang zu kurz zu kommen oder noch schlimmer, gar nichts abzubekommen, sorgt dafür, dass wir kräftig zulangen. Dabei sind die meisten „knappen" Güter alles andere als knapp und auch für unser Leben absolut verzichtbar. Ein plumper, aber effektiver Marketingtrick, der auch in der online Shoppingwelt wunderbar funktioniert. Und obwohl dieser Manipulationstrick eigentlich schnell und einfach zu durchschauen ist, tun es die wenigsten Menschen oder können sich von der Reaktion nicht loslösen.

Wie kannst du dieses Gesetz für dich nutzen? Zunächst einmal lässt du dich ab jetzt nicht mehr von irgendwelchen schlechten Sonderangeboten locken. Wir leben in einer absoluten Überfluss

– und Konsumgesellschaft, wir haben keine Knappheit zu befürchten. Kaufe das, was du wirklich benötigst ohne dich von Werbung oder Aktionen beeinflussen zu lassen. Schreibe Einkauflisten und Wunschlisten und überlege, was du tatsächlich in deinem Leben benötigst oder ob andere möchten, dass du dieses Produkt in deinem Leben benötigst. Zu anfangs wird das natürlich nicht leicht von der Hand gehen, aber nach einigen Wochen wirst du spüren, was DU möchtest und was andere von dir möchten, dass du es möchten willst.

Andersherum kannst du diese Manipulationstechnik der künstlichen Knappheit natürlich beim Verkauf ganz einfach selbst einsetzen! Du möchtest deine Waschmaschine verkaufen? Kein Problem, lass im Gespräch mit potentiellen Käufern einfließen, dass sich noch viele weitere Interessenten gemeldet haben.

Nummer Zwei: Die Sympathie

Dir ist wahrscheinlich schon selbst aufgefallen, dass du für Menschen, die du magst, sehr viel mehr bereit bist zu tun als für Menschen, die dir nicht sympathisch sind. Das wissen auch Verkäufer und Menschen ähnlicher Berufsgruppen und versuchen deine Sympathie zu gewinnen um ihre Interessen durchzusetzen. Um Sympathie zu erzeugen, gibt es einige einfache Möglichkeiten. Menschen, mit denen wir oft und möglichst problemlos zu tun haben, finden wir irgendwann sympathisch. Wir gewöhnen uns also an sie. Echte Verkaufsprofis spiegeln ihre Kunden – sie ahmen ihre Körperhaltung, ihre Bewegungen, ihr Sprechtempo, ihre

Ausdrucksweise, ihre Gestik und ihre Mimik nach. Die Grundlage dessen ist, dass wir uns selbst ähnliche Menschen schneller sympathisch finden.

Auch in der Werbung begegnet uns dieses Phänomen oft. Sympathisch wirkende und beliebte Tiere werden oftmals zu Werbezwecken eingesetzt. Tierschutzorganisationen zeigen schöne Vögel, kuschelige Pandabären oder raffinierte Delfine um Sympathie für ihr Vorhaben zu gewinnen. Oder als lustig, klug oder attraktiv geltende Prominente werden als Sympathieträger für ein bestimmtes Produkt eingesetzt.

Wie nutzt du das Wissen um die Manipulationstechnik der Sympathie nun für dich? Das ist leider gar nicht so einfach, denn Sympathie ist ja ein wahrlich schönes Gefühl! Mein Tipp ist: konzentriere dich auf das Produkt oder den Gedanken, den dein Gegenüber dir zu vermarkten versucht, und blende dabei den Verkäufer als Mittelsmann aus. Ein Produkt was eine so kostenintensive Vermarktung durch einen Prominenten oder anderweitige Sympathieträger bedarf, scheint qualitativ nicht viel herzugeben. Hier hilft nur, sich ganz rational auf das Produkt oder die Idee zu konzentrieren und Sympathieträger auszublenden, um keine emotionale Befangenheit zu entwickeln.

Andererseits kannst du das Gesetz der Sympathie für deine Vorhaben natürlich ganz einfach nutzen. Kleide dich ansprechend, achte auf dein Äußeres und trainiere, dein Gegenüber subtil nachzuahmen. Aufdringliche Komplimente oder offensichtliche Nachahmungen sind dabei kontraproduktiv. Achte auch darauf, dass du deinem Gegenüber aufmerksam zuhörst! Denn wer hört heutzutage noch zu? Dabei reden

Menschen so gerne über sich selbst! Gewinne ganz einfach aber effektiv Sympathie, indem du anderen Menschen beim Reden über sich selbst zuhörst.

Ein weiterer Tipp ist, keine negativen Botschaften zu überbringen, egal ob sie dich oder jemand anderen betreffen, denn so wirst du immer mit dieser Botschaft verknüpft – egal ob bewusst oder unterbewusst. Überbringe frohe und glückliche Botschaften, damit deine Mitmenschen dich mit diesen positiven Ereignissen verknüpfen!

Nummer Drei: Die Gegenseitigkeit

Dieses Gesetzt ist einfach erklärt: Wenn ich dir etwas zu Weihnachten schenke, dann fühlst du dich verpflichtet, mir auch etwas zu Weihnachten zu schenken. Wir möchten anderen Menschen ihr Geben erwidern und in keinem Schuldverhältnis stehen – das Prinzip von Geben und Nehmen! Na klar, kennen wir alle die ein oder andere Person, die mehr gibt als nimmt, oder die Personen, die mehr nehmen als geben. Aber grundsätzlich streben Menschen nach einem Gleichgewicht von Geben und Nehmen.

Verkäufer, Spendensammler oder Sektenführer machen sich dieses Prinzip der Gegenseitigkeit zur Nutze, indem sie dir zuvor eine kleine Gefälligkeit zukommen lassen, um dich zu animieren auf ihr Vorhaben einzugehen. Werbeartikel wie Kugelschreiber oder ähnliches sind nicht weiter als der Versuch, das Gesetz der Gegenseitigkeit auszulösen. Es gibt nichts umsonst im Leben – hinter den meisten Gratisprodukten steht die Erwartung nach deiner Gegenleistung.

Wie kannst du dieses Wissen über das Gesetz der Gegenseitigkeit als Manipulationstechnik nutzen? Die Antwort dürfte dich nicht überraschen: Kleine Geschenke oder Entgegenkommen und schon stehen dir deine Mitmenschen in einem ungewollten unterbewussten Schuldverhältnis gegenüber. Dementsprechend gilt aber auch, dass du lieber Geschenke geben als nehmen solltest, damit du nicht in ein solches ungewolltes unbewusstes Schuldverhältnis gerätst. Damit deine Entscheidungen so wenig wie möglich von unbewussten Mechanismen beeinflusst werden, solltest du so wenig unerwünschte Werbung, Werbeartikel von Unternehmen oder Parteien oder Briefe von Spendensammlern annehmen oder durchlesen. So gerätst du nicht so leicht in die Rolle des Manipulierten.

Nummer Vier: Der Kontrast

Dies ist ein komplexes psychologisches Gesetz der Manipulation, denn hier geht es um die nicht immer einfach nachzuvollziehende Kontrastierung.

Nehmen wir an, du suchst nach einem Haus und dein Makler zeigt dir zunächst ein sehr kostenintensives Haus und im Anschluss daran ein günstiges Haus. Das günstige Haus wird durch den Kontrast noch günstiger wirken. Andersherum verhält es sich genauso: Zeigt dein Makler dir erst das günstige Haus und im Anschluss das kostenintensive Haus, so erscheint dir das teure Haus noch viel teurer als es ist.

Dieses Prinzip funktioniert natürlich auch mit drei Produkten verschiedener Preisklassen, sogar fast noch ein wenig besser: Angeboten werden ein günstiges Produkt minderer Qualität zu einem Preis von 19 Euro, ein anderes Produkt mit ein wenig mehr Features zum Preis von 59 Euro und noch ein Produkt mit weiteren, aber eigentlich unnötigen, Features für 199 Euro. Die Mehrheit der Käufer wird sich für das 59 Euro teure/ günstige Produkt entscheiden, weil extra Features enthalten sind und somit ein Vorteil gegenüber dem günstigen Produkt entsteht. So haben die Käufer das Gefühl für ihr investiertes Geld auch einen guten Gegenwert zu erhalten. Zusätzlich wirkt das mittlere

Produkt unglaublich günstig durch das zeitgleich kostenintensive Produkt von 199 Euro. Diese Prinzipien funktionieren in der Welt des Online-Shoppings natürlich genauso gut! So funktioniert also das Gesetz des Kontrastes. Dieser Manipulationsstrategie begegnen wir täglich und überwiegend dort, wo die Verkaufszahlen steigen sollen und investiert werden soll.

Das Gesetz des Kontrastes funktioniert auch umgekehrt! Deine Schwiegermutter bittet dich ihre inkontinente Katze für 4 Monate bei dir zu Hause aufzunehmen. Natürlich lehnst du dies ab, weil du eine Katzenhaarallergie, keine Zeit und vielleicht sogar keine Lust hast. Kurze Zeit später fragt dich deine Schwiegermutter, ob du sie Freitagabend zu einem Termin fahren kannst. Im Vergleich zu der inkontinenten Katze wirkt die Autofahrt am Freitagabend wie ein Kinderspiel und schon sagst du zu! Dies kann dir natürlich auch im Job passieren, wenn dir jemand eine wirklich fiese Arbeit aufdrücken möchte, in der Politik werden mit dieser Methode Gesetze und Abkommen durchgeboxt und in allen anderen Lebensbereichen genauso.

Wie kannst du dieses Wissen nun nutzen? Dies ist nicht ganz so einfach, Menschen lieben es Dinge zu vergleichen, ganz egal ob physische Angebote oder Vorhaben. Mit ein wenig Übung kannst du diese meist sehr subtilen Kontrastangebote aber ausfindig machen. Sobald du ein wenig Geschick darin entwickelt hast, kannst du üben, die Produkte einzeln für sich zu betrachten. Dazu ist es recht hilfreich, wenn du dir über deine Ziele, deine Wünsche und deine Vorhaben im Klaren bist. Denn so kannst du das zu dir passende Produkt oder Vorhaben auswählen.

Gleichzeitig kannst du dir natürlich dieses Gesetz selbst zunutze machen. Du möchtest, dass dein Kind sein Zimmer aufräumt?

Dann schlage ihm doch erstmal vor, dass es mit dir zusammen den Dachboden entrümpelt…

Nummer Fünf: Die Autorität

Dieses Gesetz der Manipulation spricht wieder einen unserer ureigensten Instinkte an: Dem Alpha-Tier beziehungsweise einem Alpha-Menschen zu folgen. Wir glauben Menschen mit einer gewissen Autorität mehr, als „normalen“ Menschen. Dieses Gesetz ist mittlerweile natürlich mit vielen vielen vielen Nuancen ausgestattet und unglaublich komplex geworden. Es kommen politische, sozioökonomische und wirtschaftliche Facetten dazu, die dieses Gesetz nicht immer leicht erkennen lassen. Grundsätzlich geht es darum, sich aufgrund bestimmter Ausstrahlung, Kleidung und Position ein Vorbild auszusuchen und diesem mental oder physisch zu folgen.

Wem würdest du eher über eine rote Fußgängerampel (bei wenig Verkehr natürlich) folgen: Dem gutgekleideten hübschen Kerl mit der selbstsicheren Ausstrahlung oder einem ärmlich gekleideten Mann mit unsicherer Ausstrahlung? Ja, vermutlich dem hübschen Kerl im Anzug! Und das ist nicht verwunderlich, denn wir Menschen suchen uns unsere Vorbilder und Anführer zunächst einmal nach der äußerlich ausgestrahlten Autorität aus. Hättest du Bedenken einem Polizisten in Uniform über eine rote Ampel zu folgen? Uniformen strahlen etwas unglaublich Autoritäres aus, was die meisten Menschen zum Folgen animiert.

Bei tiefergehenden Entscheidungen spielt natürlich auch der soziale und wirtschaftliche Rang des Gegenübers eine Rolle (das ist die Komplexität von der ich zuvor gesprochen habe). Eine Babynahrung, die in der Werbung mit den Worten „Von Kinderärzten empfohlen" angepriesen wird, hat gute Chancen, gekauft zu werden. Schließlich empfiehlt ein Experte das Produkt. Dieser Urinstinkt wird natürlich in Kindergarten und Schule noch weiter intensiviert – wir sollen unseren Erziehern und Lehrern folgen und sie als gebildete Autorität anerkennen. Nicht nur in der Werbung, sondern auch in der Politik kommen ständig „Experten" zu verschiedensten Themen zur Sprache. Nun, was genau ist der Sinn dahinter? Die eigene Position oder das eigene Produkt als perfekt und durchdacht dastehen zu lassen. Die allermeisten Menschen sind denkfaul und freuen sich über so fein hergerichtete „Pakete". So vereinfachen wir uns in vielen Fällen durch die Abgabe unserer Verantwortung an verschiedenste „Experten" unseren Alltag, nur sollte dies nicht überhandnehmen!

Besonders in Zeiten milliardenfacher Möglichkeiten der Informationsgewinnung im Internet steigt das Bedürfnis, sich an die Meinung von Experten zu halten, da das gesamte Wissen heute kaum noch ohne Weiteres zu überprüfen ist. Oftmals müssen schnelle Entscheidungen getroffen werden. Druck in Kombination mit Unsicherheit lässt uns „Vorbildern" nachrennen.

Wie kannst du dieses Wissen nun nutzen? Hinterfrage die Glaubwürdigkeit von vermeintlichen Experten. Welcher Zahnarzt empfiehlt dir Zahncreme? Womit machen Zahnärzte ihr Geld? Mit kaputten Zähnen! Warum also sollten sie dir eine wirklich gute Zahncreme empfehlen, wenn sie dadurch die Grundlage ihres Jobs verlieren würden? Schaue hinter die Kulissen und informiere dich. Nur weil jemand eine Krawatte trägt, sagt das nichts über sein wahres Expertenwissen aus. Viele Menschen haben nur Halbwissen und setzen darauf, dass wir für sie profitable Entscheidungen aufgrund ihrer oberflächlich zusammengeschneiderten Autorität treffen. Übe die Symbole der Autorität zu erkennen und dich vom Prinzip der Hörigkeit zu lösen. Denke tiefgründig und lasse dich nicht von Oberflächlichkeiten beeinflussen.

Andersherum kannst du diese Manipulationstechnik selbst gut verwenden indem du einen schicken Anzug trägst, deine Diploma an die Wand hängst und dich einen Experten nennst – die Menschen werden dir vermutlich glauben!

Nummer Sechs: Die Akzeptanz

Dieses Gesetz spricht unsern Gemeinschaftssinn an. Wir Menschen bewegen uns gerne in Gruppen. Wenn wir sehen, dass andere Menschen sich für etwas interessieren, etwas kaufen oder etwas ausprobieren, dann möchten die allermeisten Menschen sich dieser Mehrheit anschließen. Menschen haben einen starken Drang, der Mehrheit angehören zu wollen (jedenfalls die meisten).

Stell dir einmal vor, eine bestimmte Sorte Käse im Supermarkt wird nicht gekauft, sondern eher gemieden. Du siehst wie die Menschen um dich herum den Käse meiden und sich für einen anderen Käse entscheiden. Wie hoch sind die Chancen, dass du dich für diesen Käse entscheidest? Wahrscheinlich verschwindend gering. Falls du dir generell über die richtige Wahl des Käses unsicher bist, dann wirst du noch mehr Vertrauen in die Entscheidung der Mehrheit legen.

Dies wird auch politisch gerne genutzt, vor allem in Zeiten der Unsicherheiten! Dazu reicht es, einige Menschen positiv zu beeinflussen und für sein Vorhaben zu gewinnen, damit die restliche verunsicherte Masse diesen Vorbildern folgt. Auch im Internet finden wir diese Methode auf vielen Seiten – dort versteckt sie sich hinter Rezensionen, Bewertungen und Testberichten. Je mehr Menschen ein Produkt schon positiv bewertet haben, desto höher ist die Wahrscheinlichkeit, dass noch mehr Menschen dieser Bewegung folgen.

Dies funktioniert natürlich auch in einem wesentlich unmoralischeren Kontext. Die Medien nutzen diese Kraft ganz bewusst um Bewegungen und Ereignisse hervorzurufen. Im positiven wie im negativen Sinne! Vermutlich sind sich aber viele Berichterstatter und Journalisten über die Wirkungsweise ihrer Artikel gar nicht bewusst. Wenn beispielsweise vermehrt über Einbrüche in den frühen Morgenstunden berichtet wird, dann kann nach diesem Artikel ein Anstieg der Einbrüche in den Morgenstunden verzeichnet werden.

Stell dir vor du bist in einem großen Park auf einem Open-Air-Konzert. Zunächst bleiben die schön bepflanzten Beete unversehrt, aber nach und nach trampeln immer mehr Menschen darüber, ganz nach dem Motto „der hat das auch gemacht". Dieser Herdentrieb funktioniert in all unseren Lebensbereichen! Vom Graffiti, über Sperrmüll oder sogar Straftaten – die soziale Hemmschwelle sinkt je mehr „Vorbilder" es gibt.

Wie kannst du dieses Wissen nutzen? Falls du dich in einer Situation unsicher fühlst, dann orientiere dich nicht an deinen Mitmenschen, sondern höre auf deine Intuition und mache dir eigene Gedanken zu der Situation. Dies ist auch für dich eine gute Möglichkeit, die Führung zu übernehmen, denn wenn du mit Selbstbewusstsein und Courage vorgehst, werden die anderen dir folgen. Gebe deine Verantwortung nicht ab, sondern mache dir eigene Gedanken, triff eigene Entscheidungen und bewerte die Situationen unter der Berücksichtigung deiner persönlichen Situation, denn auch die Mehrheit kann sich irren oder die für dich unpassende Entscheidung treffen!

Nummer Sieben: Die Konsistenz

Das letzte Gesetz der Manipulation ist das der Konsistenz. Hier wird unser intensiver Wunsch angesprochen, auf andere Menschen möglichst konsequent und konsistent zu wirken. Um das zu erreichen, begründen wir unsere Entscheidungen rational.

Ein Beispiel zur Veranschaulichung: Fünf Menschen werden gefragt, ob sie bereit sind, für ein neues Café Werbung auf ihr Auto zu kleben. Was glaubst du, wie viele der fünf Personen darauf eingehen und den Aufkleber auf dem eigenen Auto dulden? Wahrscheinlich niemand. Werden jetzt diese fünf Menschen aber zuvor in ein Gespräch über die Sinnhaftigkeit dieses Vorhabens, die Wichtigkeit und die Besonderheiten dieses gemeinnützigen Cafés mit Projekten für Jugendliche verwickelt, steigt die Bereitschaft für die Teilnahme an diesem Vorhaben. Sobald sie diese Werbung am Auto haben, werden sie schnell bereit sein, noch mehr für dieses Café zu tun, da sie ja ihren Standpunkt schon öffentlich gemacht haben. Auf diese Weise werden immer wieder Menschen zu Entscheidungen gedrängt, die sie so ohne Weiteres nie getroffen hätten.

Eine miese Variante dieser Manipulationstechnik wird im Verkauf häufig angeboten. Oftmals gibt es Angebote wie „Kaufen Sie einen Drucker und erhalten Sie diesen 10 GB USB Stick gratis dazu!". Oft genug geschieht es, dass diese 10 GB USB Sticks dann nicht mehr verfügbar sind und der Kunde mit einem minderwertigen Produkt abgespeist wird. Die wenigsten Kunden werden sich dagegen wehren, da sie sich ja bereits offiziell für den Drucker entschieden haben.

Wie kannst du dieses Wissen einsetzen? Höre vor allem auf dein Bauchgefühl und lerne deine wahren Bedürfnisse und Wünsche kennen. Je mehr du über dich selbst weißt, desto weniger kannst du in diese Falle tappen, weil du gar nicht erst ins Netz dieser Technik geraten kannst, wenn du es nicht möchtest. Ist es doch passiert und du bemerkst deinen Fehler, dann ist es keine Schande seine Meinung zu ändern und zurückzutreten. Beständigkeit ist eine tolle Sache, aber falsche Entscheidungen zu revidieren, ist um einiges stärker.

Wie kannst du dich vor dieser Manipulationstechnik schützen? Indem du auf fragwürdige Angebote nicht eingehst oder den Manipulator direkt auf sein Vorhaben ansprichst – der Überraschungseffekt sorgt in den meisten Fällen für Ehrlichkeit!

Kapitel 3: Die Praxis im Detail -Aktive Nutzung und Abwehr von Manipulationstechniken

Nun kommen wir zum interessanten Teil, nachdem du den theoretischen Teil überstanden hast! Klar, du kennst dich nun mit den fünf wichtigsten Manipulationstechniken aus, aber über die Praxis - also das aktive Anwenden und Abwehren der Manipulationstechniken - sollten wir dennoch sprechen. Denn allein die Theorie hat noch niemanden zum Meister gemacht. Du weißt nun auf welche Hinweise du achten musst und in welchen Situationen du den vorgestellten Manipulationstechniken auf den Leim gehen könntest. Theoretisch weißt du jetzt auch, wie du die Techniken für deine persönlichen Ziele einsetzten könntest. Könntest... leider ist die Realität noch um einiges komplexer, weil viel mehr äußere und innere Faktoren auf dich einwirken. Profis setzen zumeist nicht nur eine einzige Manipulationstechnik ein, sondern kombinieren mehrere Manipulationstechniken zu einer extrem effektiven Fusion. Leider ist es nicht unbedingt einfach, diese Techniken aufgrund ihrer Vielschichtigkeit zu enttarnen und die wahre Absicht zu extrahieren.

In diesem Kapitel möchte ich dir einige Tipps vorstellen, wie du auch im Alltag einen kühlen Kopf bewahrst und Manipulationstechniken leichter erkennen kannst - klar, auch wie du sie in unserem Alltags-Wirrwarr selbst leichter einsetzen kannst.

Was passiert um dich herum?

Bei dieser Übung geht es darum zu lernen, wie die verschiedenen Manipulationstechniken im Alltag zu erkennen sind. Dazu ist es von Vorteil, wenn du deine Umgebung ganz genau beobachtest. Such dir zunächst eine Manipulationstechnik aus – am besten eine einfach erkennbare wie die des Kontrasts – und fange an deine Umwelt zu scannen. Wo wird überall das Gesetz des Kontrasts eingesetzt? Von ihrem Chef? Ihren Kollegen? Ihren Freunden? Ihren Kollegen? In welchen Verkaufssituationen? In welchen Verhandlungssituationen?

Sobald du sicher darin bist, eine Manipulationstechnik zu erkennen, begibst du dich an die nächste, bis du alle Manipulationstechniken sicher im Alltag erkennst!

Wie kannst du die Manipulationstechniken abwehren?

Der nächste Schritt nach dem Erkennen im Alltag ist natürlich, dass du dir überlegst wie du die Manipulationstechniken erfolgreich und effektiv abwehrst.

Sobald du gelernt hast die Manipulationstechniken der Gegenseitigkeit im Alltag zu erkennen, kannst du die ganzen

Gratisgeschenke, Proben und ähnliches ablehnen, um nicht in ein Abhängigkeitsverhältnis zu geraten. Wenn du schon sehr sicher im Umgang mit den Manipulationstechniken bist, kannst du die Gratisgeschenke und Proben annehmen und dir gleichzeitig klarmachen, dass du dennoch zu keinerlei Gegenleistung verpflichtet bist. Nachdem du eine Manipulationstechnik ganz intuitiv im Alltag erkennst und abwehren kannst, kannst du dich mit der nächsten Manipulationstechnik auseinandersetzen.

Mein Tipp gegen die Manipulationstechnik der Knappheit ist, sich von vorneherein klarzumachen, was man benötigt und was nicht. So kann mich die Schokolade im Sonderangebot gar nicht wirklich mitreißen, weil ich sie nicht haben möchte. Je besser du dich und deine Bedürfnisse kennst, desto weniger wird dir dieser Manipulationstechnik verfallen.

Die im vorherigen Kapitel angesprochenen Taktiken zur Abwehr der Manipulationstechniken solltest du nach deinen persönlichen Vorhaben, Interessen und Auffassungen personalisieren und üben. Du wirst schon bald merken, dass im Alltag selten nur eine Manipulationstechnik alleine vorkommt, sondern immer eine raffinierte Kombination mehrerer Techniken. Beispielsweise wird eine Zahncreme durch einen sympathischen und hübschen Schauspieler beworben - das wäre das Gesetz der Sympathie. Zudem werden Gratisproben dieser Zahncreme verteilt - dies wäre das Gesetz der Gegenseitigkeit. Und zu guter Letzt ist die Zahncreme eine limited edition, die es nur diesen Herbst gibt - das wäre das Gesetz der Knappheit! Und schon haben wir drei Manipulationstechniken miteinander verbunden.

Was passiert, mit deinem Umfeld, wenn du Manipulationstechniken entlarvst und dich ihrer Effizienz entziehst? Zunächst werden deine Mitmenschen erstaunt sein, weil sie mit dieser Art von Entwicklung natürlich nicht rechnen und sich ihrer Manipulationsversuche vielleicht auch gar nicht bewusst sind. Die Unsicherheit deiner Mitmenschen kann in Frustration und einer negativen Haltung dir gegenüber resultieren, aber letztendlich wirst du Respekt für deine Standhaftigkeit und Klarheit gewinnen.

Wie kannst du die Techniken für dich nutzen?

Nachdem du dich jetzt einige Zeit erfolgreich dem Erkennen und Abwehren der verschiedenen Manipulationstechniken gewidmet hast, kommt nun der wahrlich interessante Punkt: Wie kannst du diese Techniken für dich und deine Interessen nutzen? Durch das Abwehren der einzelnen Techniken konntest du schon ein wenig mehr Kontrolle über dein Leben und deine Entscheidungen gewinnen, aber wenn du noch mehr Einfluss nehmen möchtest, musst du lernen selbst zu manipulieren. Durch die aktive Manipulation kannst du dir Vorteile verschaffen, deine Vorstellungen durchsetzen und deine Interessen vertreten. Hier geht es natürlich nicht darum, dass du deinen kaputten Kühlschrank für 500 Euro an deinen Nachbarn verkaufst, sondern um die Erleichterung des Alltags, die im Einklang mit dem Wohlbefinden aller Beteiligten steht. Was hältst du davon, mit dem Wissen über die Manipulationstechniken eine Gehaltserhöhung zu bekommen? Siehst du – hier geht es um persönliche Erfolge!

Nehme dir eine Manipulationstechnik nach der anderen vor und übe im kleinen Kreis. Lass dich von anfänglichen Fehlschlägen nicht entmutigen, denn die Kunst des Manipulierens lernst du vermutlich nicht an einem Tag!

Kapitel 4: Das moralische Dilemma rund um die Manipulationen

Wie alles im Leben gibt es auch hier kein Schwarz und Weiß. Die Manipulationstechniken haben wir in uns und an sich ist an ihnen moralisch und ethisch nichts auszusetzen. Es liegt an uns, was wir daraus machen!

Du möchtest dein kaputtes Auto verkaufen und nutzt dafür nicht Ehrlichkeit, sondern verschiedene Manipulationstechniken? Na, dann würde ich fast behaupten, dass du dich auf unmoralische Abwege begibst, weil du die Manipulationstechniken für ein unehrliches Vorhaben nutzt.

Wenn du deine Kinder dazu bewegen möchtest mehr im Haushalt zu helfen, dann ist das Anwenden der Manipulationstechnik des Kontrasts völlig ok. Du schadest damit niemandem, verleihst deinen Vorhaben Effektivität ohne Druck auszuüben und sorgst somit für ein tolles Endergebnis von dem alle Beteiligten profitieren (klar, deine Kinder werden zu Beginn „schrecklich" unter der Hausarbeit leiden ...).

Grundsätzlich ist die gegenseitige Beeinflussung zum Erreichen unserer Ziele normal und per se nicht unmoralisch. Sie wird erst in Kombination mit einem unehrlich, unmoralischen, unethischen oder bewusst betrügerischen Vorhaben zu einer unmoralischeren Vorgehensweise. Der Immobilienmakler, der ganz bewusst mittels angewandter Manipulationstechniken schäbige Häuser zu einem zu hohen Preis verkauft, begeht zwar keine Straftat, dennoch ist das Vorgehen höchst unmoralisch, da es mindestens einer involvierten Person schadet. Durch das Wissen über die Manipulationstechniken und die Übungen zur Abwehr kannst du dich vor solch einem Betrug schützen.

Auch wenn andere Menschen ihr Wissen für unmoralische Vorhaben einsetzen, macht es die Manipulationstechniken nicht unmoralisch. So wie ich mit 2000 Euro tolle Winterkleidung für meine Familie kaufen kann, kann ich für 2000 Euro auch jede Menge Drogen oder ähnliches kaufen. Das Mittel zum Erreichen des Ziels ist nur so unmoralisch oder moralisch wie das Ziel selbst!

Schlusswort

Hoffentlich konntest du viele interessante, nützliche und neue Informationen aus diesem Buch für dich mitnehmen! Erinnerst du dich noch an den Vergleich mit den automatisch ablaufenden Verhaltensprogrammen bei Tieren und wie ähnlich diese Verhaltensprogramme bei Menschen ablaufen? Natürlich sind die automatischen Verhaltensprogramme bei uns Menschen um einiges komplexer und interessanter, außerdem gibt es bei uns die genetisch bedingten und erlernten Verhaltensprogramme, während es bei den Tieren nur die genetisch bedingten Verhaltensprogramme gibt.

Die Manipulationstechniken werden von uns Menschen schon im frühsten Kindheitsalter angewandt und sind somit gänzlich normal. Das Spiel mit den verschiedensten Manipulationstechniken ist so profitabel, dass es immer mehr perfektioniert, erforscht und ausgebaut wird, damit unterschiedliche Industriezweige diese Reiz-Reaktions-Abfolgen zum maximalen Verkauf ihrer Produkte nutzen können. Dies geschieht unter mehr oder weniger moralischen Voraussetzungen.

Durch das Wissen in diesem Buch kannst du dich gegen die verschiedenen Manipulationstechniken zur Wehr setzen, indem du sie erkennst und deine persönliche Abwehrstrategie einsetzt. Mittlerweile ist die aber auch bewusst, dass selten eine Manipulationstechnik alleine kommt und sie in Kombination noch schwieriger zu erkennen und abzuwehren sind.

Gehe mit offenen Augen durchs Leben und du wirst die vielen täglichen Anwendungen von Manipulationen erkennen. Durch die Tipps in diesem Buch wirst auch die die Manipulationstechniken in einem moralisch vertretbaren Maße anwenden können und somit deine persönlichen Interessen, Vorhaben und Ideen leichter umsetzen können.

Ich wünsche dir viel Erfolg!

Interessieren Sie sich für das Thema Cryptocurrencies und Bitcoins? Das Thema, das gerade in aller Munde ist? Wenn Sie mehr darüber und über das Investieren in Cryptocurrencies lernen möchten, dann laden Sie sich diesen kostenlosen Bonus runter:

Selbstbewusstsein

Einleitung

Viele Menschen kennen diese Situationen: Du nimmst an einem Meeting teil, hast eigentlich eine gute Idee, traust dich nicht, sie vorzubringen und ärgerst dich später darüber. Du stehst morgens vor dem Spiegel, wählst ein Outfit für den Tag aus und schon hast du schlechte Laune, weil du unzufrieden mit deinem Aussehen bist. Du bekommst eine Diskussion mit, möchtest eigentlich entschieden wiedersprechen, hältst dann aber doch den Mund, weil du Angst hast, einer Konfrontation nicht stand zu halten. Du bist in einer Bar und möchtest gerne jemanden ansprechen, denkst Ewigkeiten darüber nach, was du sagen könntest und lässt es letztendlich doch bleiben. Dies sind nur Beispiele für Situationen, wie sie Menschen mit geringem Selbstbewusstsein häufig erleben. In diesem Buch erfährst du mehr über die Begrifflichkeiten und den Aufbau von Selbstbewusstsein. Außerdem findest du 10 Schritte, die dir auf deinem Weg zu einem stärkeren Selbstbewusstsein helfen sollen, hilfreiche Tipps und eine Vielzahl an Übungen, von denen sich die meisten ganz einfach Zuhause durchführen lassen.

Kapitel 1: Selbst- Was?

Selbstbewusstsein und Selbstvertrauen. Diese beiden Worte werden meist so unkonkret verwendet, dass sie fast austauschbar zu sein scheinen. Jedoch ist Selbstbewusstsein kein Synonym für Selbstvertrauen und andersherum. Die Bedeutung von Selbstbewusstsein kann eigentlich direkt am Wort abgeleitet werden. Sich über sein "Selbst-bewusst-sein". Das bedeutet, dass einem bewusst ist, wer man ist. Das ist natürlich leichter gesagt als getan, denn auf die Frage "Wer bin ich?" eine ehrliche Antwort zu haben setzt voraus, dass man sich selbst sehr gut kennt. Beim Selbstvertrauen geht es darum, Vertrauen in sich selbst zu haben - in sich und seine Fähigkeiten zu vertrauen und sich Dinge zuzutrauen. Selbstbewusstsein und Selbstvertrauen gehen Hand in Hand und beeinflussen sich gegenseitig, sind aber nicht dasselbe. Weitere Begriffe, auf die dies ebenfalls zutrifft sind Selbstsicherheit und Selbstwertgefühl - sich seiner selbst sicher zu sein und ein gesundes Gefühl für den eigenen Wert zu haben. Letztendlich hängen all diese Begriffe zusammen.

Wie bildet sich unser Selbstbewusstsein?

Das Selbstbewusstsein eines jeden Menschen beginnt sich bereits in der frühen Kindheit zu formen. Hierbei wird es vorwiegendvon außen beeinflusst. Hört und erfährt ein Kind immer wieder, dass es nutzlos und/ oder unzulänglich ist, wird sich sein Selbstbewusstsein anders entwickeln, als es bei einem

Kind der Fall ist, das mit Lob und leistungsunabhängiger Wertschätzung aufwächst. Ereignisse im späteren Kindheitsalter, der Jugend und im Erwachsenenleben wirken sich ebenfalls auf das Selbstbewusstsein aus. Die gute Nachricht ist: es ist möglich, aktiv an einem besseren Selbstbewusstsein zu arbeiten. Und das kann sich lohnen. Denn unser Selbstbewusstsein beeinflusst sämtliche Teile unseres Lebens - von den Beziehungen, die wir führen, über den Erfolg im Beruf bis hin zum allgemeinen Wohlbefinden. Ein starkes Selbstbewusstsein kann die Lebensqualität enorm erhöhen. Im folgenden Kapitel erfährst du, wie du dein Selbstbewusstsein in 10 Schritten stärken kannst.

Kapitel 2: 10 Schritte

1. Fähigkeiten kennen und wertschätzen

Zunächst ist es wichtig, dass du dir bewusst machst, welche Fähigkeiten du besitzt. Kannst du gut kochen, bist gut in einer bestimmten Sportart oder kannst wunderbar mit Tieren umgehen? Bist du vielleicht geduldig, mitfühlend, zielstrebig oder hilfsbereit? Kannst du andere gut trösten, behältst auch in chaotischen Situationen den Überblick oder hast ein gutes Zahlengedächtnis? Aus allem was du gut meisterst, was dir besonders leicht fällt oder wofür du dich am meisten begeistert, setzen sich deine Fähigkeiten zusammen.

Übung 1:

Nimm ein Blatt Papier und einen Stift zur Hand und suche dir einen Ort, an dem du ungestört bist. Konzentriere dich auf deine Fähigkeiten und notiere sie. Was fällt dir ein? Natürlich solltest du realistisch bleiben beziehungsweise ehrlich zu dir selbst sein. Realistisch bedeutet aber nicht bescheiden! Denn Bescheidenheit ist fehl am Platze, wenn es darum geht, deine Fähigkeiten zu erkennen und zu würdigen. Wenn du einige Fähigkeiten notiert hast, falte den Zettel und verstaue ihn in deiner Hand-/ Hosentasche. Versuche den Zettel für die nächste Zeit, wann immer möglich, bei dir zu tragen. Achte im Alltag immer wieder bewusst darauf, was gut klappt oder was dir Positives an dir selbst auffällt und füge es der Liste hinzu. Du wirst sehen, dass die Liste schnell wächst und du mehr Fähigkeiten besitzt, als du dachtest.

Übung 2:

Suche dir für diese Übung eine Person, die dir sehr nahe steht und dich demnach sehr gut kennt und bitte sie, dir zu sagen, was sie an dir schätzt. Diese Person soll sich ruhig 10 - 15 Minuten Zeit nehmen, um darüber nachzudenken und möglichst viel nennen zu können. Dieser Schritt kann Überwindung kosten, aber für dich zu ganz neuen, wertvollen Erkenntnissen führen.

2. Schwächen kennen und akzeptieren

Jeder Mensch hat Schwächen. Das wissen wir alle und dennoch ist es für viele unglaublich schwer, sich eigene Schwächen einzugestehen oder sie gar zu akzeptieren. Doch ein gesundes Selbstbewusstsein zu haben, bedeutet nicht, vermeintlich "keine" Schwächen zu haben oder diese auszublenden. Es bedeutet vielmehr, seine Schwächen gut zu kennen und sie zu akzeptieren. Denn dann ist es tatsächlich möglich, durch Schwächen stärker zu werden.

Übung:

Du benötigst erneut Stift und Papier. Konzentriere dich dieses Mal auf deine Schwächen. Was kannst du nicht so gut? Was fällt dir schwer? Schreibe sie auf. Sei auch hierbei realistisch und ehrlich, aber lasse dich nicht von Frustration und einem eventuell schlechten Selbstbild beeinflussen. Versuche so objektiv wie möglich festzustellen, wo deine Schwächen liegen und notiere sie. Wenn du damit fertig ist, ist die Übung noch nicht beendet. Betrachte deine Schwächen eine nach der anderen. Sind sie wirklich so schlimm? Mit welchen davon kannst du gut leben? Welche davon empfindest du nur als "Schwäche", weil andere das so sehen? Und gibt es vielleicht die ein oder andere, an der du gerne arbeiten würdest? Bedenke, dass Schwächen prinzipiell nicht unbedingt "bearbeitet" oder "verbessert" werden müssen und/ oder können. Manche Schwächen kannst du nur annehmen und ihnen somit die Macht nehmen, dich runterzuziehen. Denn wenn du dir einer Schwäche bewusst bist und sie akzeptierst, kann sie dir weit weniger schaden, als wenn du einen "Kampf gegen Windmühlen" führst. Stellst du fest, dass du dich mit einer oder mehrerer dieser Schwächen nicht abfinden willst und siehst eine Möglichkeit, sie auszugleichen/ zu verbessern, dann starte einen Versuch. Generell gilt: du MUSST alle Schwächen akzeptieren, du KANNST an einigen arbeiten.

3. Respekt und Verständnis

Und zwar Respekt im Umgang mit und Verständnis für dich selbst! Viele Menschen neigen dazu, eigene Niederlagen oder Fehler als weit gravierender und schlichtweg "schlimmer" zu sehen, als sie die selben Niederlagen und Fehler bei anderen einordnen würden. Ein Beispiel: Fällt ein Freund durch eine Prüfung, würdest du wahrscheinlich Verständnis dafür zeigen, wie es dazu gekommen ist und ihm gut zureden, es nochmal zu versuchen. Du würdest nicht denken, dass er ein "Versager" ist oder nichts auf die Reihe bekommt oder sowieso einfach zu blöd ist, um die Prüfung zu bestehen. Das alles ändert sich nicht, nur weil du derjenige bist, der die Prüfung nicht besteht. Gönne dir das selbe Verständnis, das du anderen zukommen lässt.

Übung:

Wann immer du dich - in Gedanken oder laut ausgesprochen- selbst kritisierst, versuche einen Schritt zurück zu machen und die Situation objektiver zu betrachten. Stelle dir vor, eine Person, die dir wichtig ist, wäre an deiner Stelle. Würdest du diese Person genauso scharf kritisieren? Was würdest du dieser Person stattdessen sagen oder raten? Drehe den Grundsatz "Was du nicht willst, das man dir tut, das füg auch keinem andern zu" um: Sei nur so hart zu dir selbst, wie du es in der selben Situation auch zu einem geliebten Menschen wärst. Dir wird schnell auffallen, dass diese Überlegungen den Ton, in dem du mit dir selbst sprichst, verändern.

4. Äpfel nicht mit Birnen vergleichen

...und dich selbst nicht mit Anderen. Denn kein anderer hat die exakt selben Fähigkeiten, Schwächen, Voraussetzungen, Veranlagungen, Erfahrungen, Vorlieben, Ängste und Wünsche wie du. Du bist einer von vielen einzigartigen Menschen. Und diese Einzigartigkeit, die jeden Menschen auszeichnet, ist der Grund dafür, dass Vergleiche zwischen Menschen sinnlos sind und du sie bestenfalls ganz sein lassen solltest. Denn sie führen in der Regel zu Frust, weil wir sie dafür nutzen, unsere

Fähigkeiten unbedeutender und unsere Schwächen bedeutender erscheinen zu lassen. Viele Menschen können gut kochen und dürfen stolz darauf sein. Aber wie viele davon kochen noch gut im Vergleich zu Schuhbeck? Viele Menschen sind gute Sportler und sollten stolz darauf sein, aber wie gut sind sie verglichen mit Usain Bolt oder Christiano Ronaldo? Mach dir bewusst, dass du nicht der absolut Beste sein musst, damit deine Leistung zählt oder du stolz darauf beziehungsweise zufrieden damit sein darfst. Es ist die einzigartige Kombination aus vielen kleinen Teilen und Aspekten, die dich zu etwas Besonderem macht. Das Ziel sollte deshalb immer sein, die beste Version deiner selbst zu sein/ werden - unabhängig davon, was andere können, tun und lassen. Alles andere ist unfair dir selbst gegenüber - und wenn man ein Licht oft genug in den Schatten stellt, erlischt es irgendwann.

5. Erwartungen hinterfragen und korrigieren

Jeder Mensch hat Erwartungen - z.B. an nahestehende Menschen, an die Politik, sogar an das Wetter - und natürlich an sich selbst. Prinzipiell ist es gut, Erwartungen zu haben. Allerdings gilt das nur für solche, die realistisch erfüllbar sind. Erwartest du beispielsweise von dir, auszusehen wie Claudia Schiffer, wird diese Erwartungshaltung nur zu Frust führen (Siehe "Äpfel nicht mit Birnen vergleichen"). Bist du finanziell in den Miesen und erwartest von dir, innerhalb eines Monats einen Lamborghini zu besitzen, wirst du höchstwahrscheinlich schwer enttäuscht werden. Gar nichts von sich selbst zu erwarten ist im Umkehrschluss aber keinesfalls besser, denn wie soll ohne Erwartung Veränderung, Fortschritt und Wachstum stattfinden?

Übung:

Du benötigst wieder Stift und Papier. Notiere diesmal die Erwartungen, die du an dich selbst hast, denen du momentan nicht gerecht wirst. Überlege dir anschließend, was du tun oder verändern könntest, um sie zu erfüllen. Denke anschließend darüber nach, welche der notierten Erwartungen die Veränderungen, die dafür notwendig sind, für dich persönlich wert sind und welche nicht. Kommst du bei einer Erwartung zu dem Schluss, dass sie für dich entweder unmöglich zu erfüllen oder nicht wichtig zu halten ist, dann streiche sie symbolisch durch. Du wirst feststellen, dass du Erwartungshaltungen dir selbst gegenüber hast, die du lediglich als wichtig erachtest, weil sie gesellschaftlich angesehen oder von deinem sozialen Umfeld befürwortet sind.

Frage dich, welche Erwartungen DU an dich stellen MÖCHTEST. Durch diese Überlegungen wird sich die Liste der Erwartungen, die du für sinnvoll hältst und beibehalten möchtest wahrscheinlich um einiges kürzen. Überlege zum Schluss, wie du diesen übriggebliebenen Erwartungen - jeder einzelnen für sich - mit der Zeit gerecht werden kannst. Dafür kannst du Ziele formulieren, z.B. "Ich möchte morgens früher aufstehen.". Notiere außerdem, warum du diese Erwartung an dich hast und wie du das Ziel erreichen kannst. Wirf von Zeit zu Zeit einen Blick auf die Liste und sieh nach, was sich geändert hat. Scheue auch nicht davor zurück, Erwartungen zu senken oder aufzugeben, denn wie alles im Leben, können sich auch unsere Ansprüche an uns selbst von Zeit zu Zeit verändern.

6. Kritik annehmen, aber nicht persönlich nehmen

Schon allein der Gedanke an Kritik löst bei den meisten Menschen ein unangenehmes Gefühl aus. Wie schön wäre es, wenn wir immer alles richtig machen würden? Und zwar in aller Augen? Dass das nicht geht, ist klar. "Du kannst es nicht allen recht machen", wie man so schön sagt. Trotzdem kann konstruktive Kritik natürlich auch hilfreich sein. Versuche, dir Kritik anzuhören und zu reflektieren, ob sie berechtigt ist und dir eventuell weiterhelfen kann. Nachdem du darüber nachgedacht und dich entschieden hast, ob, beziehungsweise wie, die Kritik dich weiterbringen kann, solltest du versuchen, den Kritikpunkt innerlich abzuhaken. Versuche Kritik nicht persönlich zu nehmen, indem du sie als Meinung, nicht als die einzige Wahrheit/ einen Angriff auf dich wertest. Meinungen sind unterschiedlich, mal hat der Eine recht, mal der Andere und mal gibt es kein Richtig und Falsch. Es wird dir leichter fallen, Kritik nicht so schwer zu nehmen und eventuell sogar daran zu wachsen, wenn du es schaffst, sie nicht persönlich zu nehmen, sondern aus einiger Distanz zu betrachten.

7. Eigene Werte leben

Überlege, was dir wichtig ist und stehe dazu! Für ein starkes Selbstbewusstsein ist es essentiell zu wissen, was dir besonders wichtig ist und auch danach zu leben. Egal ob es z.B. um Religion, Ernährung, Politik oder ethisch/moralische Belange geht - stehe zu deiner Überzeugung und scheue dich nicht davor, sie auch in Konfliktsituationen zu vertreten.

8. Bedürfnisse ernst nehmen

Lerne, deine persönlichen Bedürfnisse wahr- und ernst zu nehmen. Viele Menschen neigen dazu, persönliche Bedürfnisse leichtfertig und bereitwillig hinten an zu stellen. Manchmal lässt sich das selbstverständlich auch nicht vermeiden. Generell solltest du allerdings darauf achten, gut für dich selbst zu sorgen. Dafür ist es zunächst wichtig, deine Bedürfnisse überhaupt zu erkennen und sie anschließend nicht zu ignorieren, sondern zu befriedigen. Das Stichwort heißt hier Selbstfürsorge. Denn du bist es dir schuldig, dich gut um dich selbst zu kümmern. Das bedeutet manchmal auch, Anderen Wünsche oder Bitten abzuschlagen. Wenn dich beispielsweise eine Freundin spontan bittet, sie zu einem Termin zu begleiten, du aber hundemüde bist und eigentlich etwas Zeit für dich brauchst, hast du jedes Recht abzulehnen - und zwar ohne ein schlechtes Gewissen zu haben.

Übung:

Halte mehrmals täglich, egal was du gerade tust, kurz inne und nimm dir einige Minuten Zeit. Frage dich, wie es dir geht und was dir gerade gut tun würde. Bist du zufrieden? Brauchst du gerade etwas Bestimmtes? Belastet dich etwas? Nimm deine Empfindungen ernst und überlege, wie du ihnen gerecht werden kannst.

9. Inneren Kritiker erkennen & bremsen

Kritik an sich selbst zu üben ist bis zu einem gewissen Grad normal und bleibt nicht aus, wenn man seine Handlungen regelmäßig reflektiert. Ein zu starker "innerer Kritiker" kann allerdings gegen dich arbeiten, hemmt dich in deiner Entwicklung und tritt dein Selbstbewusstsein mit Füßen. Beispiel: Es besteht ein gewaltiger Unterschied zwischen dem Gedanken "Beim nächsten Mal muss ich für die Fahrt 10 Minuten mehr einplanen" oder aber "Wie blöd kann man nur sein, jetzt bin ich zu spät gekommen! Typisch, nie kriege ich was auf die Reihe." Ersteres ist Lernen aus Erfahrungen, Letzteres ist destruktives Denken und arbeitet aktiv gegen dein Selbstbewusstsein.

Übung 1:

Wann immer du bemerkst, dass dein innerer Kritiker gerade am Werk ist, kannst du ihn zunächst abbremsen, indem du laut "Stop" sagst, um den Gedankengang zu unterbrechen. Frage dich: würde ich so mit einer guten Freundin sprechen? Ist die Antwort nein, versuche den Kritikpunkt so umzuformulieren, dass du ihn einer geliebten Person ohne schlechtes Gewissen ins

Gesicht sagen könntest. Denn du verdienst es, dich selbst mit dem gleichen Respekt zu behandeln.

Übung 2:

Je nachdem wie stark dein innerer Kritiker ist, können seine Aussagen auch absolut haltlos oder völlig übertrieben/ aus dem Kontext gerissen sein. Es ist wichtig, das zu enttarnen. Frage dich: sind diese Gedanken gerechtfertigt? Sind sie notwendig oder können sie mich weiterbringen? Ist die Antwort nein, traue dich, deinem inneren Kritiker bewusst zu widersprechen. Beispiel: Du hast, wie jeden Tag, gekocht, doch diesmal ist dir etwas angebrannt. Du denkst "Immer geht alles schief, ich bin einfach zu nichts zu gebrauchen." Es ist offensichtlich, dass das nicht stimmt. Denn weder ist an diesem Tag alles schief gelaufen, noch sagt ein einziges Missgeschick etwas darüber aus, ob oder wie gut du kochen kannst. Und selbst wenn du schlecht kochen würdest, gibt es abgesehen davon Vieles, worin du durchaus gut zu gebrauchen bist. Es ist wichtig, solche Gedanken richtigzustellen, denn sie sind nicht fair dir selbst gegenüber und sie einfach unkommentiert stehen zu lassen, kann dir das Gefühl geben, dass mehr Wahres daran ist, als es tatsächlich der Fall ist.

Wehre dich gegen unfaire "Kritik", auch wenn sie von dir selbst kommt, indem du sie berichtigst. Sage laut "Nein", um den destruktiven Gedankengang zu stoppen und korrigiere mit positiven Formulierungen. Auf dieses Beispiel bezogen z.B. "Da ist was schief gelaufen, das ist ärgerlich, kann aber jedem passieren." Mit der Zeit wird es dir immer leichter fallen, direkt darauf aufmerksam zu werden, wenn der "innere Kritiker" das

Wort ergriffen hat und mal wieder "über's Ziel hinausschlägt" und ihn/ dich selbst zu korrigieren.

10. Veränderungen / Wachstum erwarten

...und zwar nicht voller Furcht, sondern freudig! Denn Veränderungen sind unumgänglich. Äußere Rahmenbedingungen, dein (soziales) Umfeld, dein Befinden, deine Ansichten, dein Aussehen - alles befindet sich im stetigen Wandel, alles verändert sich im Laufe der Zeit. Das kann furchteinflößend sein, denn nicht alle diese Veränderungen kannst du beeinflussen. Ein Sprichwort lautet "Sich Sorgen zu machen ist so, als würde man bei strahlendem Sonnenschein unter einem Regenschirm gehen, nur weil es theoretisch regnen könnte." Im übertragenen Sinn bedeutet das: Solange du noch nicht weißt, ob es regnen wird, brauchst du den Schirm nicht aufzuspannen beziehungsweise sorge dich nicht um Dinge, von denen du noch gar nicht wissen kannst, ob sie passieren werden. Konzentriere dich dafür auf die positiven Veränderungen, die du anstrebst und erwarte, dass dein Selbstbewusstsein wachsen wird. Sei dir sicher, dass sich die Dinge ändern und du selbstbewusster werden kannst. Versuche dir in dieser Hinsicht eine Art "Vertrauensvorschuss" zu geben und glaube daran, dass du dein Ziel Schritt für Schritt erreichen wirst.

Kapitel 3: Kleine Tipps mit grosser Wirkung

Im letzten Kapitel hast du einiges darüber erfahren, wie du aktiv an mehr Selbstbewusstsein und Selbstvertrauen arbeiten kannst. Natürlich braucht jeder einzelne dieser Schritte Zeit und es kann unter Umständen dauern, bis du erste größere Erfolge verzeichnen kannst. In diesem Kapitel findest du zusätzlich einige Anregungen und kleine Tipps, die sich leicht umsetzen lassen und trotzdem schon ausreichen können, um deinem Selbstbewusstsein ein Bisschen auf die Sprünge zu helfen.

Mach dich groß!

Vergrößere dein Selbstbewusstsein, indem du dich traust, dich selbst groß zu machen und Raum einzunehmen. Es ist erwiesen, dass sich eine aufrechte Körperhaltung positiv auf das Selbstbewusstsein auswirken kann - und vor allem selbstbewusster auf Andere wirkt.

Übung:

Stelle oder setze dich zunächst so vor den Spiegel, wie du normalerweise sitzt oder stehst, wenn du nicht darüber nachdenkst. Nimm nun bewusst die Schultern zurück und richte den Rücken, Hals und Kopf auf (stell dir vor dein Kopf würde von einem Marionettenseil senkrecht nach oben gezogen). Positioniere deine Beine hüftbreit und betrachte dich nun erneut im Spiegel. Du kannst auch mehrmals zwischen der gewohnten und der aufrechten Haltung wechseln, um die Unterschiede genauer zu erkennen. Du wirst feststellen, dass dein Spiegelbild ganz anders wirkt, wenn du eine aufrechte Haltung einnimmst.

Atme dich mutig!

Durch kontrolliertes Atmen, kannst du dich aktiv beruhigen und dich mental auf Situationen vorbereiten, die dir durch mangelndes Selbstbewusstsein schwer fallen.

Übung 1:

Setze oder lege dich bequem hin und schließe die Augen. Konzentriere dich nur auf deinen Atem. Spüre, wie er beim Einatmen in dich hinein fließt und deinen Körper beim Ausatmen wieder verlässt. Atme tief und ruhig. Beginne nun bis 30 zu zählen. Einatmen - 1, Ausatmen - 2, Einatmen - 3, Ausatmen - 4 und so weiter. Konzentriere dich nur auf die Zahlen und deine Atmung. Wenn andere Gedanken kommen, lasse sie vorbeiziehen und kehre wieder zu den Zahlen zurück. Wenn du bei 30 angekommen bist, öffne deine Augen und tu, was du dir vorgenommen hast, ohne nochmals zu zögern.

Übung 2:

Diese Übung kann dir helfen, Abstand von Selbstzweifeln zu gewinnen. Lege dich bequem auf den Rücken und achte dabei darauf, dass dein Brustkorb geöffnet ist und dein Atem frei fließen kann. Schließe die Augen und konzentriere dich auf deinen Atem. Denke an die Situation, die es zu bewältigen gilt und versuche kurz zu spüren, was der Gedanke in dir auslöst. Beginne nun nach dem Prinzip aus Übung 1 auf 20 zu zählen. Einatmen - 1, Ausatmen - 2 und so weiter. Versuche gedanklich bei den Zahlen und deiner Atmung zu bleiben, lasse andere Gedanken vorbeiziehen und komme immer wieder zum Zählen zurück.

Wenn du bei 20 angekommen bist, atme ruhig weiter und stelle dir beispielsweise dich selbst mit einer Hand voll roter Luftballons vor. Die Luftballons stehen für die Zweifel, von denen du dich distanzieren möchtest. Zähle nun nach demselben Muster von 20 auf 0. Also Einatmen - 20, Ausatmen - 19, Einatmen - 18 und so weiter. Stelle dir bei jedem Ausatmen vor, wie du einen deiner Zweifel (Luftballons) verabschiedest, indem du ihn in die Lüfte steigen und immer kleiner werden lässt, bis er schließlich verschwunden ist. Die Luftballons sind hier nur ein Beispiel eines Symbols. Genauso gut könnten es Papierschiffchen sein, die du in einem Fluss von dir wegtreiben lässt oder Taschentücher, die du aus einem fahrenden Auto schmeißt und weit hinter dir lässt. Probiere ruhig Verschiedenes aus und finde ein Bild, das für dich passt. Wenn du bei 0 angekommen bist, bleibe noch einen Moment mit geschlossenen Augen liegen und spüre nach.

Bitte Lächeln!

Ein Lächeln drückt Zuversicht und Positivität aus und erzeugt außerdem automatisch ein beschwingtes Gefühl. Du kannst vielen einschüchternden oder angsteinflößenden Situationen ihre Macht nehmen, indem du ihnen mit einem Lächeln begegnest.

Übung 1:

Nimm dir morgens im Bad eine Minute Zeit, stell dich vor den Spiegel und lächle dich einfach nur an. Versuche das dadurch entstandene Gefühl von Positivität mit in den Tag zu nehmen.

Übung 2:

Sieh diese Übung als eine Art Experiment an. Versuche bewusst, mit einem Lächeln auf Menschen zuzugehen und beobachte die Reaktionen. Lächle dem Zeitungsverkäufer, der Helferin beim Arztbesuch oder der Kassiererin im Supermarkt zu. Oder schenke dem Busfahrer beim Einsteigen ein strahlendes Lächeln. Positivität ist ansteckend - du wirst überrascht sein, wie viele Menschen zurücklächeln. Und wie gut das tut.

Sag's einfach!

Generell ist es gut, sich Gedanken zu machen, bevor man den Mund aufmacht. Sich aber nur Gedanken zu machen und sich dann nicht zu trauen, sie auch zu äußern, ist auf Dauer frustrierend. Wie oft hast du dir schon gedacht "hätte ich doch nur was gesagt?". Besonders vor einer Gruppe oder Autoritätspersonen gegenüber fällt es vielen Menschen mit schwachem Selbstbewusstsein schwer, sich mitzuteilen oder gar problematische Themen anzusprechen. Die gute Nachricht: je öfter du dich überwindest, desto einfacher wird es.

Übung:

Erlaube dir immer dann, wenn du dir unsicher bist beziehungsweise dich nicht traust, deine Meinung/Ansicht zu äußern, noch ein Mal darüber nachzudenken. Wohlgemerkt EIN Mal. Gehe in Gedanken kurz durch, was du sagen möchtest, atme zwei, drei Mal tief ein und aus und dann heißt es raus mit der Sprache.

Komplimente für Alle!

Komplimente hört jeder gerne. Und dass sie das Selbstbewusstsein stärken, versteht sich von allein. Warum also damit geizen?

Übung 1:

Versuche für einen ganzen Tag jeder Person, mit der du dich unterhältst, mindestens ein Kompliment zu machen. Den Kollegen im Büro, dem Kellner, der dich beim Abendessen bedient oder der Nachbarin, die eigentlich ziemlich nervt. Du kannst dich, musst dich dabei aber nicht, auf direkte Äußerlichkeiten wie die Kleidung oder die Frisur beziehen. Sage das, was dir spontan positiv auffällt und beobachte die Reaktionen deiner Gesprächspartner.

Übung 2:

Stelle dich jeden Morgen nach dem Aufstehen und jeden Abend vor dem Zubettgehen vor den Spiegel und mach dir selbst ein Kompliment, z.B. "Das grüne T-Shirt steht mir sehr gut.", "Meine Haare glänzen heute schön." oder "Die Idee, die ich heute Mittag hatte, war super."

Liken was das Zeug hält!

Und zwar dich selbst. Sich selbst lieben zu lernen kann ein langer und schwieriger Weg sein - den es sich aber unbedingt zu gehen lohnt.

Übung 1:

Facebook und ähnliche Communities geben uns mit dem "Like"-Button die Möglichkeit, ganz leicht mit einem einzigen Klick zum Ausdruck zu bringen, wenn uns etwas gefällt. Und es wird geliked wie der Teufel. Wir liken Urlaubsbilder, Rezeptideen, Gedanken und Ereignisse. In dieser Übung geht es darum, dieses Prinzip auf dich selbst anzuwenden. Nimm Papier und Stift zur Hand und "like" dich einmal durch dich selbst. Schreibe Eigenschaften, äußerliche Merkmale, Taten und Interessen deiner Selbst auf, die du magst - denen du ein "Like" geben würdest. Versuche dabei so freigiebig mit den Likes zu sein, wie es auch auf Facebook gehandhabt wird. Denke nicht lange über jeden Aspekt nach und hinterfrage nicht zu viel. Auf die "Like-Liste" kommt alles an dir, was dir ein Like wert ist.

Übung 2:

Auf Facebook gibt es keinen "Dislike" beziehungsweise "gefällt mir nicht" -Button. Schön wäre es natürlich, wenn du diesen in Bezug auf dich selbst auch gar nicht brauchen würdest. Doch es ist vollkommen in Ordnung, nicht alles an sich selbst heiß und innig zu lieben. Überlege dir zunächst, bei welchem Aspekt deiner selbst du gerne Gebrauch von einem "gefällt mir nicht"-Button machen würdest und schreibe diese Dinge auf. Schau dir die Liste an und mach dir klar, dass es keinen "gefällt mir nicht"-Button gibt - du kannst diese Dinge entweder zu "liken" lernen, oder darüber hinweg gehen - quasi einfach "weiterscrollen". Womit wir direkt beim nächsten Thema sind...

Radikale Akzeptanz

Es gibt Dinge an dir, die nicht mal du selbst ändern kannst, egal wie sehr du sie gerne ändern würdest. Beispielsweise deine Größe, Sexualität, Herkunft oder Vergangenheit. Es ist essentiell zu lernen, diese unabänderlichen Dinge anzunehmen - sie radikal zu akzeptieren. Denn nur dann hast du die Möglichkeit, zufrieden damit leben zu können. Leider kann es bei weitem schwerer sein, etwas zu akzeptieren, das man nicht ändern kann, als etwas zu ändern, das man nicht akzeptieren kann.

Übung 1:

Bevor du so weit bist, dich selbst radikal zu akzeptieren, kannst du das Prinzip der radikalen Akzeptanz zunächst in Belangen üben, die nicht auf dich persönlich bezogen sind. Dafür finden sich im Alltag zahlreiche Möglichkeiten. Ein Beispiel: Du hast dich auf eine schöne Wanderung gefreut, aber es regnet. Du kannst dich jetzt aufregen, den ganzen Tag schlecht gelaunt in der Wohnung verbringen und auf das Wetter schimpfen. Oder du akzeptierst, dass es regnet, und gehst zu Plan B über, der beispielsweise sein könnte, ein schönes langes Schaumbad zu nehmen oder einen Film zu schauen, der dich interessiert. Oder aber du ziehst wetterfeste Kleidung an, schnappst dir einen Regenschirm und machst deine Wanderung trotzdem. Wichtig ist nur: egal wofür du dich entscheidest, das Thema "Wandern im Sonnenschein" ist damit für diesen Tag abgehakt. Wenn du ein Schaumbad nimmst, schaue nicht wehmütig aus dem Fenster und hege weiter einen Groll, sondern genieße das Bad. Wenn du dich entschließt trotzdem wandern zu gehen, dann versuche die Wanderung im Regen als solche zu schätzen, ohne ein "aber bei gutem Wetter wäre es schöner" an jeden Gedanken anzuhängen. So hilft dir radikale Akzeptanz, das Beste aus einer Situation zu machen.

Übung 2:

Um etwas an dir selbst radikal zu akzeptieren, kann es dir helfen, bestimmte Sätze und Formulierungen innerlich jedes Mal zu wiederholen, wenn dein "innerer Kritiker" (Vgl. Kapitel 2) diesen Aspekt erwähnt. Denkst du beispielsweise "wäre ich doch nur 10 cm größer" oder "Wenn ich nur nicht so verdammt klein wäre, dann..", hänge ein "ich bin, wie ich bin" beziehungsweise ein "es ist wie es ist" an. Sei dabei konsequent. Das kann anfangs anstrengend sein, besonders wenn der "innere Kritiker" stark ausgeprägt ist und ständig seinen Senf dazu gibt. Bleibe dran - es geht nur darum, wer den "längeren Atem" hat.

Übung 3:

Um für dich selbst zu dokumentieren, welche Fortschritte du mit der Methode der radikalen Akzeptanz machst, kannst du zu Beginn eine Liste anlegen. Schreibe die Dinge auf, die du radikal akzeptieren möchtest und bewerte sie mit einem 5-Punkte-System. 0 bedeutet "ich kann das überhaupt nicht akzeptieren", 3 wäre "ich akzeptiere es teilweise" und 5 "ich habe meinen Frieden damit geschlossen/ ich habe es akzeptiert". Wirf regelmäßig, z.B. wöchentlich, einen Blick auf die Liste, ordne mithilfe des Punkte-Systems ein, wo du dich beim jeweiligen Aspekt gerade befindest und korrigiere, wenn nötig. Bei der

Formulierung ist hier zu beachten, dass du persönliche Wertungen vermeidest. Schreibe nicht "ich möchte den bescheuerten Fehler akzeptieren, den ich Blödmann nie wieder gut machen kann.", sondern "ich möchte akzeptieren, dass ich Fehler mache" oder "ich möchte akzeptieren, dass dieser Fehler passiert ist".

Fake it 'til you make it!

Zu deutsch "so tun als ob, bis es tatsächlich so ist". Und zwar mit der Methode der positiven Gedanken und der Visualisierung.

Übung:

Dein Wunsch ist es, selbstbewusster zu werden. Stelle dir vor, du wärst es schon. Was wäre dann besser? Was hättest du mit mehr Selbstbewusstsein erreicht? Was hätte sich für dich zum Positiven verändert? Sage dir "ich bin selbstbewusst" und erschaffe in Gedanken ein Bild davon. Wenn du z.B. selbstbewusster werden möchtest, um kompetenter vor Menschen auftreten zu können, stelle dir dich vor, wie du entspannt und konzentriert einen Vortrag hältst. Versuche zu spüren, wie du dich dann fühlst. Versuche quasi für einen Moment so zu tun, als wärst du bereits die selbstbewusste Person, die du sein möchtest. Mit der Zeit wird es dir immer leichter fallen dieses Bild und die dazugehörigen positiven Gefühle heraufzubeschwören und zu verinnerlichen. Es ist ratsam, mit einem einzelnen konkreten Bild zu starten. Nach und nach kannst du aber natürlich weitere Bilder hinzufügen.

KAPITEL 4: WUNDERKIND

"Du bist ein Wunderkind, auch wenn niemand außer dir und mir das sieht, die Leute sind für Wunder blind." - dieses Zitat stammt aus einem Song des bekannten deutschen Musikers Prinz Pi. Die Musik ist selbstverständlich Geschmackssache, den Satz kannst du dir aber ruhig zu Herzen nehmen. Du bist ein Wunderkind, du bist ein wertvoller Mensch, du bist etwas Besonderes. Und zwar schon jetzt, in diesem Moment, ganz gleich was war und was noch kommen wird. Und außerdem unabhängig davon, ob die Menschen um dich herum das erkennen oder nicht.

Weiter lautet der Text "Du bist der Singular, du bist das Einzelstück, du bist das Meisterwerk, das es nur einmal gibt." Du bist einzigartig, mit all deinen Fehlern und Schwächen, deinen Fähigkeiten und Werten, deinen Überzeugungen, Vorlieben, Gedanken und Gefühlen. Du bestehst aus vielen Kleinigkeiten, die zusammen ein großes Meisterwerk ergeben. Die Farben, Formen und Details dieses Werks sind wandelbar. Manche davon kannst du verändern, manche verändern sich von allein, manche verschwinden oder kommen dazu, viele begleiten dich aber auch ein Leben lang oder lassen sich nur leicht variieren. Jeder dieser kleinen Teile gehört zu dir - und dabei ist der Wert des Gesamtkunstwerks unermesslich größer, als die Summe seiner Teile.

Schlusswort

Hoffentlich konnte dir dieses Buch einige Anregungen dafür geben, wie du dein Selbstbewusstsein stärken und somit zu mehr Lebensqualität finden kannst. Zum Schluss bleibt vor allem zu betonen, dass jede Veränderung Zeit braucht und es vom individuellen Menschen abhängt, wie schnell oder langsam sich Fortschritte zeigen. Setze dich nicht unter Druck, sondern glaube daran, dass du nach und nach, in deinem eigenen Tempo, zu mehr Selbstbewusstsein finden kannst und dass es sich lohnen wird. Ich wünsche dir viel Freude und Erfolg dabei!

SMALLTALK

EINLEITUNG

Smalltalk zu halten ist eine Kunst für sich. Manche Menschen können Smalltalk natürlich halten, anderen Menschen fällt das schwerer. Die Menschen, denen Smalltalk schwerer fällt, glauben oft, dass es sich dabei um ein bloßes Gespräch über banale und langweilige Themen handeln würde. Und im Kontrast zu tiefgründigen und bedeutungsvollen Gesprächen stehen würde. Aber der Sinn und Zweck des Smalltalks liegt nicht im eigentlichen Inhalt. Vielmehr nutzen wir Smalltalk um Kontakt mit einer uns unbekannten oder wenig bekannten Person herzustellen oder zu vertiefen. Das bedeutet auch, Smalltalk als reiner Zeitvertreib ist nutzlos. Ohne ein gewisses Interesse an anderen Menschen können wir ebenso etwas anderes tun.

Dieses Ziel sollte man sich bewusst machen, dass der Smalltalk dazu dient, einen generellen Eindruck von einer anderen Person zu bekommen und ebenso seinem Gegenüber einen generellen Eindruck von sich selber zu verschaffen. Natürlich möchten wir dabei einen möglichst positiven Eindruck von uns vermitteln. Aber auch auf der inhaltlichen Ebene dient Smalltalk quasi als Vorspiel zu dem, was noch kommen wird. Beim Smalltalk können wir einen ersten Einblick geben, womit wir uns beschäftigen, wie wir zu gewissen Dingen stehen und was uns als Person auszeichnet. Der Smalltalk kann somit vorgeben, worauf sich spätere Gespräche vertiefen können.

In diesem Buch werden wir in insgesamt 10 Schritten erläutern, wie man Smalltalk richtig halten kann. Da bedeutet wie man in einem einfachen Gespräch einen positiven Eindruck von sich vermittelt und dabei auch einen Eindruck von seinem Gesprächspartner bekommt. Hier wie auch in den späteren Kapiteln wird jeweils von einem Gesprächspartner in Einzahl gesprochen, die Erläuterungen lassen sich aber genauso gut für den Smalltalk mit mehreren Teilnehmern anwenden. In den 10 Schritten beleuchten konkrete Beispiele die übergeordnete Bedeutung der einzelnen Aspekte. So wird der Smalltalk detailreich erläutert, was Denkanstöße und Ideen vermitteln soll, wie man sein eigenes Verhalten im Smalltalk auf eine höhere Ebene bringen kann.

Kapitel 1: Mache einen guten ersten Eindruck

Der erste Eindruck zählt. Immer. Bevor wir überhaupt mit dem Smalltalk anfangen, bestimmen viele Faktoren was andere Personen von uns denken und wie sehr sie geneigt sind, mit uns ein Gespräch zu führen.Nicht nur vor dem Gespräch, sondern auch währenddessen ist nonverbale Kommunikation mit unserer Körpersprache ausschlaggebend für den Eindruck, den wir vermitteln. Dies ist natürlich ein sehr breites Feld, hierbei belassen wir es lediglich bei ein paar einfachen Hinweisen.

Generell sei geraten, dass man immer einen freundlichen und gesprächsbereiten Eindruck geben sollte. Was bedeutet das konkret? Einen freundlichen Eindruck vermittelt man zuallererst immer mit einem Lächeln. Außerdem ist Blickkontakt sehr wichtig. Dabei ist zu beachten, dass man den Gesprächspartner weder zu wenig noch zu viel in die Augen schauen sollte. Zu wenig Blickkontakt wird generell als Desinteresse aufgenommen. Zu viel Blickkontakt kann wiederum als Anstarren, also zu starkem Interesse aufgenommen werden. Dabei gilt es nun die goldene Mitte zu finden. Wenn sich Blicke vor einem eigentlichen Smalltalk treffen sollten, sollte man lächeln um eine positive Intention zu signalisieren und dann entweder das Gespräch initialisieren oder nach ein paar wenigen Sekunden den Blick abwenden.

Einen gesprächsbereiten Eindruck vermittelt man indem man eine offene Haltung zeigt. Das bedeutet zum Beispiel, dass man nicht die Arme verschränken sollte. Noch wichtiger ist allerdings, sich nicht oder kaum mit einem Smartphone, Handy oder Getränk zu beschäftigen. Eine Person, die das sehr oft tut, vermittelt keinen sehr gesprächsbereiten Eindruck. Mit den heutzutage überall präsenten Smartphones zeigen viele Menschen allerdings auch in öffentlichen Situationen, wie enorm wichtig es für sie scheint, die eigene Online-Verbindung aufrechtzuerhalten. Man kann dabei aber einwenden, dass dies die Aufmerksamkeit dem gegenwärtigen Moment entzieht und so die Chance verringert, neue Menschen kennenzulernen. Ja, auch während eines Smalltalks gibt es Situationen, die es verlangen eben mit einer nicht anwesenden Person online oder per Telefon zu kommunizieren. Aber in solchen Situationen sollte man sich besser entschuldigen und das Gespräch oder die öffentliche Situation verlassen, um das schnell und privat zu erledigen. Wenn es nicht so wichtig ist, dass man sich unbedingt dafür entfernen sollte, dann kann man das Smartphone auch getrost beiseitelegen.

Natürlich gibt es unzählige weitere Faktoren, die den ersten Eindruck bestimmen. Manche dieser Faktoren sind auch stark von der Situation abhängig, wie die passende Kleidung zum Beispiel. Nach diesem kurzen generellen Einstieg in nonverbale Kommunikation widmen wir uns in den nächsten Schritten konkreter dem eigentlichen Inhalt des Smalltalks, wenn sich nun ein potenzieller Gesprächspartner gefunden hat.

Kapitel 2: Begrüsse stets freundlich

und einladend

Wenn man einen Gesprächspartner gefunden hat, sollte man diesen immer freundlich und einladend begrüßen. Dazu gehört als erstes eine Grußformel, wie *„Hallo"*, *„Hi"* oder *„Willkommen"*. Falls man sich nicht kennt, sollte man sich auch gleich mit Namen vorstellen. Das wird häufig vernachlässigt, manche Menschen behaupten zum Beispiel dass sie sich neue Namen nicht merken können und es von daher überflüssig sei. Aber erstens sollte man nicht einfach annehmen, dass das automatisch so auch für den Gesprächspartner gilt. Und zweites bietet Smalltalk immer die Möglichkeit neue Kontakte zu knüpfen. Auch wenn sich der Gesprächspartner den eigentlichen Namen nicht sofort merkt, signalisiert die Nennung des Namens Kontaktaufnahme und bringt dadurch den Smalltalk auf eine höhere Ebene.

Nach diesen Punkten gibt es nun ein paar Möglichkeiten die Begrüßung in den Smalltalk überzuleiten, wenn man nicht gerade in ein bestehendes Gespräch eingestiegen ist. Zum Beispiel kann man sich nach der Befindlichkeit des Gesprächspartners erkundigen. Die Frage nach der Befindlichkeit ist eine leicht zwiespältige Angelegenheit, die sehr von der Situation und Kultur sowie der Persönlichkeit des Gesprächspartners abhängt. Fragen wie *„Wie läuft's?"* oder *„Wie geht es Ihnen?"* können durchaus als höflicher Gesprächseinstieg angesehen werden. Anderseits wird so eine Frage hierzulande eher ehrlich beantwortet und kann von daher als (zu) persönlich wahrgenommen werden.

Die deutschsprachigen Kulturkreise stehen da sehr im Gegensatz zu englischsprachigen Kulturkreisen, bei denen eine Frage nach der Befindlichkeit zur normalen und höflichen Begrüßung stets dazu gehört. Im englischen Sprachraum werden solche Fragen allerdings auch immer positiv beantwortet, unabhängig von der tatsächlichen Befindlichkeit. Eine gute Daumenregel mag sein, sich immer am Anfang des Smalltalks nach der Befindlichkeit zu erkundigen, wenn man die betreffende Person schon mindestens einmal vorher getroffen hat. Andernfalls kann man auch einfach direkt mit einem anderen Thema die Konversation beginnen.

Komplimente sind eine weitere Möglichkeit, einen Smalltalk zu beginnen. Zusätzlich zu dem Einstieg in das Gespräch machen angemessene Komplimente auch einen positiven Eindruck auf unser Gegenüber. Daraus ergibt sich die Frage: Was ist ein angemessenes Kompliment? Wenn man sich nicht kennt, sollte man es vermeiden eher persönliche Merkmale anzusprechen, wie zum Beispiel die Figur. Oberflächliche Merkmale sind dafür besser geeignet, wie die Kleidung oder eine extra zurecht gemachte Frisur beispielsweise. Ein *„Wow, das ist ein schönes Kleid"* oder *„Hey, ich mag dein T-Shirt"* werden allgemein positiv aufgenommen. Wichtig ist, dass das Kompliment als ehrlich erkennbar sein muss. Falls man nicht sicher ist, ob eine Bemerkung als Kompliment aufgefasst werden wird, kann man auch mit einem anderen Gesprächsthema in den Smalltalk einsteigen. Wie man ein geeignetes Thema dafür auswählt, folgt nun im nächsten Schritt.

KAPITEL 3: BEGINNE MIT LEICHTER KONVERSATION

Nachdem der erste Kontakt hergestellt ist und das eigentliche Gespräch beginnen kann, folgt nun die Frage nach dem ersten Thema. Womit soll man das Gespräch anfangen? Ein wichtiger Grundsatz beim Smalltalk ist, mit leichter Konversation zu beginnen.

Viele Menschen scheuen sich davor, sich über banal erscheinende Themen wie zum Beispiel das Wetter zu unterhalten. Man hört öfters von solchen Menschen, dass sie lieber tiefgründige Konversationen führen würden. Aber man kann zurecht dabei einwenden, dass man kaum direkt mit einer tiefgründigen Konversation beginnen kann. Wenn eine fremde Person einen direkt nach dem Sinn des Lebens fragt, sind die wenigsten Menschen dazu geneigt eine ehrliche und bedeutende Antwort zu geben. Die meisten Menschen möchten erst einmal wissen, was für eine Person dort vor ihnen steht, bevor sie ihre persönliche Meinung zu Themen preisgeben. Und genau dafür werden banal erscheinende Themen, zum Beispiel das Wetter, benutzt. Abgesehen von Meteorologen unterhält sich niemand wirklich über das Wetter, um Informationen über selbiges zu erhalten. Vielmehr erhalten wir Informationen über unseren Gesprächspartner anhand der Sprechweise und des Habitus. Und entscheiden anhand dessen, ob wir das Gespräch vertiefen möchten. Die leichte Konversation dient somit erst einmal dem vorsichtigen Abtasten einer fremden Person.

Welche Themen sind nun geeignet für leichte Konversation? Prinzipiell ist leichte Konversation ein Gespräch über jedes Thema, das Menschen nicht in krasse Gegensätze verstrickt oder worüber Menschen nur schwache Meinungen haben. Idealerweise ist es ein Thema, zu dem jeder etwas sagen kann, ohne andere durch abweichende Meinung vor den Kopf zu stoßen. Wenn jemand zum Beispiel sagt, dass er oder sie es gerne mag wenn es regnet, stören sich Menschen, die die Sonne lieben, eher wenig daran. Weitere Themen für leichte Konversation können sich aus der Umgebung oder dem Anlass des Treffens ergeben. *„Was hältst du von dieser Bar?"* oder *„Heute sind viele Menschen auf der Straße"* sind Beispiele davon.

Hier sind ein paar Beispiele von Themen, die es bei leichter Konversation zu vermeiden gilt: Die Gesundheit des Gesprächspartners, Tratsch, Politik, Religion und Essgewohnheiten. Die ersten zwei Themen betreffen private Bereiche, über die sich Menschen selten mit fremden Personen unterhalten möchten. Insbesondere wenn wir neugierig sind, ist zu beachten, dass es unhöflich ist mit der Tür ins Haus zu fallen und sich nach solchen Themendirekt zu erkundigen. Politik, Religion und Essgewohnheiten sind wiederum Themen, die vielleicht weniger privat sind, dafür aber oft mit starken Meinungen einhergehen. Und nichts beendet eine Unterhaltung mit einem Fremden oder einer weniger bekannten Person schneller, als festzustellen dass man zwei unterschiedliche Meinungen zu einem wichtigen Thema hat. Oder es führt zu einer Diskussion, was meist in einem negativen Eindruck voneinander endet.

Kapitel 4: Achte auf Gemeinsamkeiten

Gemeinsamkeiten sind ein sicherer Weg, einen Smalltalk aufzubauen oder vertiefen zu lassen. Zunächst einmal liefern Gemeinsamkeiten Gesprächsthemen, zu denen alle Gesprächsteilnehmer etwas beitragen können. Leichte Konversation über kaum relevante Themen kann dazu führen, dass der Gesprächspartner nichts oder wenig zum Gespräch beitragen kann. Je persönlicher die Gemeinsamkeit ist, desto mehr wird man darüber sprechen können. Allerdings sollte das Thema nicht so privat sein, dass man nicht mit einer fremden oder wenig vertrauten Person darüber sprechen möchte.

Gemeinsamkeiten bieten also die Chance auf eine längere Konversation. Noch wichtiger ist allerdings, dass Gemeinsamkeiten uns in der Regel sympathischer machen. Als soziale Wesen sind Menschen dazu geneigt, Menschen mit Gemeinsamkeiten automatisch als Mitglieder der eigenen Gruppe und dadurch als sympathischer zu betrachten. Gemeinsamkeiten bringen uns zusammen. Und je sympathischer uns unser Gesprächspartner ist, desto mehr sind wir auch geneigt, Persönliches preiszugeben oder unserem Gegenüber bei uns unbekannten Themen zuzuhören.

Gemeinsamkeiten sind von daher in jeder Phase des Gesprächs relevant. Am Anfang des Gesprächs lässt sich hierbei sogar der Grundsatz leichter Konversation aus dem vorherigen Kapitel lockern. Ist es ersichtlich, dass man zum Beispiel der gleichen

Partei angehört, man dieselbe Religion praktiziert oder dieselben Essgewohnheiten hat, so ist es durchaus in Ordnung mit so einem Thema in das Gespräch einzusteigen. Solange man sich auf die Gemeinsamkeiten fokussiert, ist prinzipiell jedes Thema erlaubt - sofern es nicht zu privat ist.

Kapitel 5: Gib etwas Persönliches von Dir preis

Eine weitere Möglichkeit, das Gespräch zum Laufen zu bringen, ist, etwas Persönliches von sich selber preiszugeben. Dies bringt ein mögliches Thema, zu welchem man zumindest selber viel sagen kann. Aber noch wichtiger ist, dass man dem Gesprächspartner ein gewisses Vertrauen signalisiert. Es kann sich dabei um einfache Fakten handeln, zum Beispiel dass man Hundebesitzer ist. Aber auf einer tieferen Gesprächsebene teilt man mehr oder weniger private Informationen mit seinem Gegenüber. Man zeigt auf diese Weise, dass man der anderen Person gewissermaßen vertraut. Und das wird bewusst wie unterbewusst als positiv wahrgenommen. Außerdem bekommt der Gesprächspartner den Eindruck vermittelt, einen besser kennen zu lernen.

Das funktioniert allerdings nur, wenn man ein paar Punkte beachtet. Über sich selbst redend sollte man vermeiden, egozentrisch oder angeberisch zu wirken. Wenn Menschen zum Beispiel sehr extrovertiert sind, können sie dazu neigen sehr gerne und viel über sich selber zu reden. Und wenn der Gesprächspartner diesen Eindruck bekommt, kann das die positive Wirkung unterminieren.

Wie offenbart man also Informationen über sich, ohne so einen Eindruck zu erwecken? Eine gute Methode ist nur einen Teil von sich kurz preiszugeben. Und dann den Gesprächspartner entscheiden lassen, ob er oder sie darauf eingehen möchte.

Nehmen wir das Beispiel eines Hundebesitzers, der grade einen Smalltalk mit jemand anderen über das Wetter führt:

A: Heute ist das Wetter schön, nicht?

B: Ja, das stimmt. Perfektes Wetter, um später mit meinem Labrador, Kira, rauszugehen. Sie liebt die Sonne, da tobt sie sich immer richtig aus. Und ich kann die neue Leine benutzen, die ich ihr kürzlich gekauft habe.

Vielleicht ist aber der Gesprächspartner gar nicht an Hunden interessiert. Besser wäre eine kurze Erwähnung, die dem Gesprächspartner überlässt darauf einzugehen oder nicht.

A: Heute ist das Wetter schön, nicht?

B: Ja, das stimmt. Perfektes Wetter um später mit meinem Hund rauszugehen. Ich mag es, wenn die Sonne so scheint.

Gerade mit dem letzten Satz, der sich wieder auf das Wetter bezieht, liegt es nun am Gesprächspartner, in welche Richtung er oder sie das Gespräch führen möchte. Es sollte generell bei der Preisgabe von persönlichen Informationen beachtet werden, dass man den sprichwörtlichen Ball an den Gesprächspartner übergibt. Vielleicht geht derjenige darauf ein, vielleicht aber auch nicht. Da die Entscheidung nun beim Gesprächspartner liegt, sollte man es nicht negativ sehen, wenn derjenige nicht darauf angeht. Schließlich wäre es noch weniger befriedigend, wenn wir ausführlich über ein Thema reden und dann der Gesprächspartner aus Desinteresse das Thema wechselt.

Zuletzt sollte man hier auch wieder das Prinzip leichter Konversation beachten. Außer, wenn der Kontext es hergibt, sollte man beim Smalltalk vermeiden, seine politische Einstellung, seine Religion oder Essgewohnheiten zu erwähnen.

Zumindest solange es nicht sicher ist, dass man bei dem erwähnten Thema einer Meinung ist. Andernfalls kann es vorkommen, dass man den Gesprächspartner durch eine andere Meinung abschreckt.

Kapitel 6: Binde den Partner in das Gespräch ein

Die Fähigkeit, den Gesprächspartner in das Gespräch einzubinden, ist ein weiterer wichtiger Schritt beim Smalltalk. Idealerweise redet der Gesprächspartner von sich aus viel, manchmal kann er aber auch eher verschlossen sein und gibt wenig von sich preis. Das kann aus unterschiedliche Ursachen haben: Vielleicht ist die Person schüchtern, vielleicht nicht interessiert am derzeitigen Teil des Gesprächs oder vielleicht aus irgendeinem Grund abgelenkt. Oder der Gesprächspartner kann nicht in das Gespräch einsteigen, weil man selber die ganze Zeit redet und ihm oder ihr keine Zeit dazu lässt. In solchen Fällen kann es hilfreich sein, den Gesprächspartner in das Gespräch einzubinden. Außerdem zeigt es Interesse am Gesprächspartner, was höflich ist und generell positiv aufgenommen wird.

Die einfachste Methode einen eher stillen Partner in das Gespräch einzubinden ist, Fragen zu stellen. Wenn man bereits Gemeinsamkeiten herausgefunden hat, kann man sich zum Beispiel nun nach diesen erkundigen. Oder man richtet eine neue Frage an den Gesprächspartner, was das Gespräch auf ein neues Thema lenkt. Wenn man den Partner mit einer Frage über ein neues Thema in das Gespräch einbinden möchte, gilt wieder der Grundsatz leichter Konversation: Beginne mit leichten Themen. Wenn man sich für ein geeignetes Thema entschieden hat, muss man sich nur noch für die richtige Art von Frage entscheiden.

Offene Fragen zu stellen ist außerordentlich nützlich dabei, das Gespräch aufrecht zu erhalten. Offene Fragen stehen im Gegensatz zu geschlossenen Fragen und definieren sich über die Länge der erforderlichen Antwort, um die Frage an sich zu beantworten. Geschlossene Fragen erfordern lediglich eine kurze Antwort, oftmals ein einziges Wort, um beantwortet zu werden. Fragen wie *„Geht der kleine Kevin schon in den Kindergarten?"* oder *„Wie lange kennst du Holger?"* mögen durchaus interessant für einen selber sein, können aber mit einer kurzen Antwort beantwortet werden. Möglicherweise fängt der Gesprächspartner an, ausführlicher auf die Frage einzugehen. Aber sicher ist es nicht. Und im Falle einer kurzen Antwort ist der sprichwörtliche Ball wieder bei uns und wir sind an der Reihe das Gespräch irgendwie weiterzuführen. Von daher ist es für das Gespräch förderlicher, offene Fragen zu stellen, die eine längere Antwort benötigen.

Noch wichtiger ist es Suggestivfragen zu vermeiden. Suggestivfragen sind Fragen, bei denen man annimmt die Antwort bereits zu kennen. Diese sollte man immer vermeiden. Denn entweder man weiß tatsächlich die Antwort - dann ist die Frage unwichtig - oder man weiß die Antwort nicht wirklich, so dass einen eine falsche Annahme gleichgültig oder unsensibel erscheinen lässt.

Als letztes betrachten wir drei Varianten von prinzipiell gleichen Fragen. Anhand diesen können wir die genauen Unterschiede der Frageformen noch einmal betrachten:

1. *Kennst du Katja auch aus dem Ruderverein? (Schlecht)*

2. *Woher kennst du Katja? (Eher schlecht)*

3. *Wie haben du und Katja euch kennen gelernt? (Besser)*

Die erste Frage ist eine Suggestivfrage und von daher immer zu vermeiden. Die zweite ist eine geschlossene Frage und kann kurz beantwortet werden *(„Aus dem Ruderverein", „von der Arbeit",* etc.). Die dritte ist eine offene Frage und lädt den Gesprächspartner ein, mehr zu erzählen.

KAPITEL 7: HÖRE AKTIV ZU

Wenn wir den Gesprächspartner nun in das Gespräch einbinden oder unser Gegenüber von sich aus mit einem Thema beginnt, gilt es aktiv zuzuhören. Einem Gesprächspartner richtig zuzuhören ist eine allgemein sehr nützliche Fähigkeit. Dies fällt uns natürlich sehr leicht, wenn der Gesprächspartner uns sympathisch und das entsprechende Thema uns vertraut ist. Aber wenn zum Beispiel ein Fremder jemanden von einem unbekannten Thema erzählt, scheidet sich die Spreu vom Weizen. Manche können von Natur aus gut zuhören, anderen können oder wollen es nicht. Dabei ist die Fähigkeit des aktiven Zuhörens nicht so schwer zu erlernen und außerordentlich förderlich für ein Gespräch.

Aktives Zuhören bedeutet, mit Kommentaren und Fragen ein Gesprächsthema aufrecht zu erhalten, welches der Gesprächspartner vorgegeben hat. Ist man mit einem Thema wenig vertraut, ist es oft einfacher auf angemessene Fragen zu kommen, als eine Meinung oder einen Kommentar zu äußern. Zu viele Fragen sollten aber vermieden werden, da der Gesprächspartner sonst das Gefühl bekommen könnte, ausgefragt zu werden. Dabei erwartet niemand von einem, viel zu einem Thema beizutragen zu müssen. Spontane Gedanken oder seine eigene Unwissenheit zu verbalisieren, kann schon genug sein das Thema aufrecht zu halten. Hier ein entsprechendes Beispiel davon:

A: Ach, ich komme kaum raus. Im Moment bin ich sehr beschäftigt mit meiner Arbeit.

B: Was machst du denn auf deiner Arbeit?

A: Ich bin Quantenphysiker und arbeite hier an der Universität. Gerade arbeite ich an einem Projekt, bei dem wir Licht quetschen.

B: Wow, das hört sich kompliziert an. Ich selber habe keine Ahnung von Physik. Wenn ihr erfolgreich seid, könnte das irgendwas verändern, womit ich zu tun habe?

A: Das kommt natürlich drauf an. Wir arbeiten an Anwendungen in Glasfasern, bei denen die Übertragungsrate verbessert werden könnte.

B: Das klingt, als könntest du mir dadurch schnelleres Internet besorgen. Könnte das ein Ergebnis deiner Arbeit sein?

A: In der Zukunft, vielleicht.

Dies Beispiel zeigt, wie Person B das Gesprächsthema der anderen Person aufrechterhält. Selbst wenn man das besprochene Thema nicht wirklich versteht, so zeigt dies Interesse am Gesprächspartner. Und wenn man Interesse am Gesprächspartner zeigt, so wird das generell als positiv wahrgenommen.

Es kann immer passieren, dass der Gesprächspartner das Gefühl bekommt, zu viel von sich zu reden. Natürlich sollte der Eindruck des Ausfragens vermieden werden. Aber man kann argumentieren, dass übertriebenes Zuhören trotzdem förderlicher für das Gespräch ist, als zu viel von sich selber zu reden. Wenn man sich selber zu sehr auf das Zuhören konzentriert, kann einen schließlich der Gesprächspartner darauf hinweisen. Auf der anderen Seite, wenn man sich zu sehr darauf konzentriert, von sich selber zu reden, wird ein höflicher Gesprächspartner nicht darauf hinweisen (aber sich möglicherweise seinen Teil denken). Das bedeutet, dass der Satz *„Aber genug von mir. Erzähl mir mehr von dir."* in Gesprächen tatsächlich vorkommt, der Satz *„Nun genug von dir. Lass mich mehr von mir erzählen."* dafür eher nicht.

Zusammenfassend lässt sich sagen, dass man im Smalltalk genau wie auch in tiefer gehenden Gesprächen immer eine Balance finden sollte, zwischen selber zu reden und unser Gegenüber reden zu lassen. Darauf zu achten und sich beim Smalltalk seiner eigenen Redevorlieben bewusst zu werden, das ist einer der schwierigeren, aber auch umso bereichernden Schritte. So kann man Smalltalks auch über wenig erkenntnisreiche Themen aufrechterhalten und dadurch einen positiven Eindruck vermitteln.

Kapitel 8: Sei immer höflich und respektvoll

Generell gilt für das menschliche Miteinander, dass Höflichkeit und Respekt einen weiter bringen als der Mangel an diesen. Gerade im Umgang mit fremden Personen gilt es einen positiven Eindruck zu hinterlassen. Sich zum Beispiel für offen gehaltene Türen oder gebrachte Getränke zu bedanken, hinterlässt nicht nur einen positiven Eindruck bei unserem Gesprächspartner, wenn der Dank an den Gesprächspartner gerichtet ist. Auch Höflichkeit gegenüber Dritten macht uns unserem Gegenüber sympathischer.

Höflichkeit und Respekt gelten dabei natürlich auch für das Gespräch selber. Das ist ein so genereller Punkt, dass er eigentlich im ersten Kapitel stehen könnte. Warum steht dies also hier? Weil sich nun gut demonstrieren lässt, dass generelle Höflichkeit und Respekt vorher genannte Regeln lockern können. Wie bereits erwähnt, sollten generell Fragen über private Themen oder auch Kritik an Anderen in Smalltalk vermieden werden, besonders am Anfang. Manchmal bieten sich aber entsprechende Themen an, den Smalltalk tiefen gehen zu lassen. Wenn man zum Beispiel aus Neugierde ein sensibles Thema ansprechen möchte, so kann Höflichkeit der Schlüssel dazu sein. Schauen wir uns folgendes Beispiel an:

A: Ja, ich gehe häufig spazieren. Wobei das seit meinem Unfall natürlich schwerer für mich ist. Aber in den Park gehe ich immer noch gerne.

B: Wie hast du denn deine Beine verloren?

Im Grunde hat der Gesprächspartner schon die allgemeine Bereitschaft signalisiert, über dieses Thema zu reden. Aber eine so direkte Frage kann immer noch aufdringlich wirken und einen negativen Eindruck hinterlassen. Dieselbe Frage kann auch höflicher formuliert werden, was es wahrscheinlicher macht, dass die angesprochene Person darauf positiv antwortet:

A: Ja, ich gehe häufig spazieren. Wobei das seit meinem Unfall natürlich schwerer für mich ist. Aber in den Park gehe ich immer noch gerne.

B: Darf ich dich fragen, wie das mit dem Unfall passiert ist?

Die Frage eine Frage stellen zu dürfen ist eine höfliche Art nach einem sensiblen Thema zu fragen. Person A würde sicherlich eher auf die zweite Variante mit einer ausführlichen Antwort reagieren, als auf die erste Variante der eigentlich gleichen Frage.

Kapitel 9: Schliesse den Smalltalk

Stark, indem du dich öffnest

Wenn der Smalltalk gut läuft, können wir uns entscheiden, Persönlicheres von uns preiszugeben, uns zu öffnen. Möglicherweise hat der Smalltalk ein Thema touchiert, zu dem wir eine starke Meinung haben. Gegen Ende des Smalltalks können wir nun unseren Standpunkt zu diesem Thema preisgeben. Dieser Schritt ist weitaus optionaler als die anderen genannten Schritte; er hängt sehr von der Situation und dem Zweck des Smalltalks ab. Tendenziell kann man sagen, dass dies besser für informelle als für formelle Situationen geeignet ist. Außerdem ist das nur nötig, wenn wir an einem weiteren Kontakt mit unserem Gesprächspartner interessiert sind. Uns am Ende des Smalltalks zu öffnen kann dabei den Smalltalk auf zweierlei Arten beeinflussen. Entweder wird das Gespräch beendet und sich zu öffnen ist der abschließende Eindruck, den der Gesprächspartner von einem hat. Oder es führt zu einem tieferen Gespräch über das angeschnittene Thema. Falls das Gespräch danach endet, sollte man sich darüber klar sein, dass Menschen sich tendenziell besser an das Ende eines Gesprächs als an den Anfang erinnern können.

Warum sollten wir also gegen Ende des Smalltalks etwas Persönlicheres von uns preisgeben? Im Idealfall findet sich natürlich eine Gemeinsamkeit zu dieser Meinung. Unser Gegenüber stellt nun fest, dass wir derselben persönlichen Meinung sind und wird dadurch eher geneigt sein, Kontakt mit uns halten zu wollen. Aber wirklich interessant wird dies bei Meinungsverschiedenheiten. In vorherigen Kapiteln wurde argumentiert, dass persönliche Meinungen über starke Themen andere Menschen ihr Interesse an uns verlieren lassen können. Das stimmt auch immer noch hier. Der Unterschied ist, dass die andere Person bei einem guten Smalltalk schon einen generell positiven Eindruck von uns hat. Und man möglichweise schon Gemeinsamkeiten herausgefunden hat, die eine Meinungsverschiedenheit relativieren. Während eine Meinungsverschiedenheit am Anfang des Smalltalks das gesamte Gespräch in diesem Licht erscheinen lässt, so wird eine Meinungsverschiedenheit am Ende des Smalltalks im Licht des ganzen Gesprächs gesehen. Es ist also wahrscheinlicher, dass eine Person einen generell positiven Eindruck von uns bekommt, wenn wir eine Meinungsverschiedenheit erst am Ende statt am Anfang des Gesprächs preisgeben.

Natürlich gibt es Themen, zu denen wir eine so starke Meinung haben, dass eine Meinungsverschiedenheit uns jegliches Interesse an der anderen Person verlieren lässt. Aber im Gegensatz dazu steht, dass wirkliches Interesse an anderen Menschen nur durch persönliche Merkmale entsteht. Speziell wenn der Smalltalk sehr oberflächlich und leicht war, sollte man am Ende einen Teil seiner Persönlichkeit preisgeben, damit der Gesprächspartner besser entscheiden kann, ob ein fortlaufender Kontakt überhaupt wünschenswert ist. Schließlich ist ein guter Gesprächspartner auch dann interessanter für uns, wenn er eine andere Meinung zu einem wichtigen Thema hat, als wenn er gar keine Meinung zu irgendeinem Thema hat.

Kapitel 10: Beende das Gespräch

ANGEMESSEN

Schließlich kommt der Moment, an dem das Gespräch endet. Sich zu verabschieden erscheint recht banal und einfach, sollte aber definitiv beachtet werden. Denn so wie der erste Eindruck wichtig dafür ist, ob das Gespräch überhaupt stattfindet, so ist der letzte Eindruck dafür am wichtigsten, ob das Gespräch wiederholt werden wird. Wie bereits im vorherigen Kapitel erwähnt, erinnern sich Menschen besser an das Ende eines Gesprächs als an den Anfang. Wenn man selber also daran interessiert ist, die andere Person wieder zu treffen, ist dies der letzte entscheidende Moment.

Zuerst sollte natürlich die Intention das Gespräch zu beenden geäußert werden, entweder von einem selber oder vom Gesprächspartner. Einfache Sätze wie *„Ich werde mich eben an die Bar begeben."* oder *„Ich gehe mal weiter."* zeigen an, dass das Gespräch seinem Ende entgegen geht. Dazu ist eigentlich nicht viel zu sagen; außer, dass man natürlich den Eindruck von Aufdringlichkeit vermeiden sollte, falls unser Gegenüber das Gespräch beenden will, während man selber geneigt ist, das zu ignorieren und das Gespräch einfach fortführen möchte. Anstelle dessen ist es höflicher und angemessener, den Kontakt auf später zu verlegen.

Wenn der Smalltalk angenehm war und man seinen Gesprächspartner sympathisch findet, kommt spätestens jetzt nämlich die Gelegenheit ein späteres Wiedersehen zu erwähnen.

Am einfachsten ist dies, wenn man durch Gemeinsamkeiten bereits eine konkrete Möglichkeit erfasst hat. Zum Beispiel zum Kino zu gehen oder zum gemeinsamen Sport, falls dies als Thema während des Gesprächs vorkam. Falls der Inhalt des Smalltalks das nicht vorgibt oder man eine solche Verabredung als nicht angemessen hält, kann man sich auch generell nach Kontaktdaten erkundigen. Da bieten sich zum Beispiel Telefonnummern, E-Mail oder soziale Netzwerke an. Dazu sei gesagt, dass Telefonnummern recht persönlich sind, also nicht unbedingt ausgegeben werden. Kontaktdaten für soziale Netzwerke werden schon eher ausgegeben, dafür sind diese auch eher strikt für informelle Bekanntschaften geeignet. E-Mail-Adressen wiederum sind eher formell und von daher im professionellen Rahmen geeignet. Wenn der Gesprächspartner das ablehnt, sollte man dies höflich respektieren. Es gibt unzählige Gründe, weswegen jemand nicht an einem weitergehenden Kontakt mit einer Person zu einem gegebenen Zeitpunkt interessiert sein könnte. Man sollte also vermeiden über einen möglichen Grund nachzudenken und es als persönliche Abwertung zu empfinden. Wenn man selber nicht an der anderen Person interessiert ist, sind Sätze wie *„Ich gebe meine Handynummer ungerne weiter. Aber wir sehen uns bestimmt auf der nächsten Geburtstagsfeier von Peter"* angemessen, einen direkten Kontakt zu vermeiden.

Als letztes folgt dann die tatsächliche Verabschiedung. Wortkarg von dannen zu ziehen ist unhöflich und sollte vermieden werden. Wenn man sich selber nicht die Zeit für Höflichkeiten gegenüber dem Gesprächspartner nimmt, ist man es auch nicht wert, dass einem selber zugehört wird. Dies gilt für die Verabschiedung wie auch für alle anderen Teile des Smalltalks.

Vor allem bei neuen Bekanntschaften sind verabschiedende Sätze wie *„Es freut mich, Sie kennen gelernt zu haben."* oder *„War schön, dich kennen gelernt zu haben."* auf jeden Fall angebracht. Im Anschluss folgt dann eine Abschiedsformel, wie *„Bis bald"*, *„Auf Wiedersehen"* oder *„Tschüss"*. Dies beendet dann das Gespräch schließlich und man kann sich möglicherweise einem neuen Smalltalk zuwenden.

Schlusswort

Die wichtigste Lektion beim Smalltalk ist offen für Neues zu sein und anderen Menschen stets freundlich und respektvoll gegenüber zu stehen. Man kann nie wissen, was für Geschichten und Weisheiten andere Menschen bereithalten. Und der Smalltalk ist der erste Schritt dazu. Erfolgreich Smalltalk zu halten ist ein guter Weg neue Bekanntschaften kennenzulernen, die unser Leben bereichern können. Und auch wir wiederum können andere mit unseren Geschichten und Weisheiten bereichern. Auch lassen sich gewisse Grundsätze in anderen Situation gut anwenden. Gut zuhören zu können ist zum Beispiel eine Fähigkeit, die generell sehr geschätzt wird.

Wie jede andere Kunst auch, so macht auch beim Smalltalk Übung den Meister. Ohne Praxis taugen die besten Grundsätze nichts. Darum kommt nun der letzte Hinweis, einfach an solche Situationen heranzutreten und zu versuchen so viel Smalltalk wie möglich zu halten. Natürlich ist es sehr von den beteiligten Persönlichkeiten und der Situation abhängig. Die 10 Schritte Smalltalk zu lernen sind dafür gedacht generelle Rahmenbedingungen und Reaktionen zu beleuchten und dabei Denkanstöße zu vermitteln. Besondere Situationen und besondere Gesprächspartner erfordern selbstredend andere Herangehensweisen. Jeder muss seinen eigenen Stil finden und erkennen, wann erlernte Grundsätze zu beachten sind und wann nicht. Das wird einen schließlich zu einem Meister im Smalltalk werden lassen.

Quellen

http://nlpnotes.com/category/techniques/ (26.06.2017)

http://www.businessballs.com/nlpneuro-linguisticprogramming.htm (26.06.2017)

- Lyle, J., & Chadwick, P. (1990). *Körpersprache / Jane Lyle. [Photogr.: Peter Chadwick].. Body language <dt.>*. Bindlach: Gondrom.

- Bruno, T., & Adamczyk, G. (2009). *Körpersprache Tiziana Bruno.*

- Kölfen, W. (2015). Körpersprache: Ohne Worte wirken. *Pädiatrie: Kinder- Und Jugendmedizin Hautnah,27*(1), 50-52.

- Weiß, D. (2015). Körpersprache fordert heraus. *ästhetische Dermatologie & Kosmetologie,7*(2), 40-41.

- Bachmann, Thomas. (1988). Körpersprache. *Schweizer Schule,75*(5), 2.

- Edmuller, A., & Wilhelm, T. (2012). Manipulationstechniken / Andreas Edmüller, Thomas Wilhelm., 1 online resource (252 p.).

- Graf, H. (1982). Manipulationstechniken für Verkäufer / Helmut Graf. Landsberg am Lech: Verl. Moderne Industrie.

- Edmüller, A., & Wilhelm, T. (2012). Manipulationstechniken. So Wehren Sie Sich., 1 online resource (353 p.).

- Moritz, A., & Rimbach, F. (2006). Soft Skills Für Young Professionals Alles, Was Sie Für Ihre Karriere Brauchen / André Moritz, Felix Rimbach., 1 online resource (649 p.).

- Rötscher, J. (1970). Manipulation. Herausgegeben von D. Bergner u. a. (Book Review). Deutsche Zeitschrift Für Philosophie, 18(9), 1123.

http://www.selbstbewusstsein-staerken.net/

https://www.psychotipps.com/

https://arbeits-abc.de/selbstbewusstsein/

http://www.zeitblueten.com/news/selbstsicherheit-staerken/

https://yogaworld.de/

https://erfolg-intuitiv.de/selbstbewusstsein/

https://www.zeitzuleben.de/

Impressum

Text: Copyright © 2018 by Libros Trading Ltd

Business Center

Dubai World Center

P.O. Box 390667

Coer Foto: © Sergey Nivens/ https://stock.adobe.com/de/stock-photo/businessman-puppeteer/52849703

Cover-Foto: © Azaze11o/ www.shutterstock.com

Cover-Foto : © Kopytin Georgy/ www.shutterstock.com

Cover-Foto : © Honza Hruby/ www.shutterstock.com

Cover-Foto: © Roman Samborskyi/ www.shutterstock.com

Wichtiger Hinweis:

Die in diesem Buch enthaltenen Informationen dienen ausschließlich informativen Zwecken und dürfen unter keinen Umständen als Ersatz für eine professionelle Beratung oder Behandlung durch ausgebildete und anerkannte Ärzte angesehen werden. Diese beinhalten keinerlei Empfehlungen bezüglich bestimmter Diagnose- oder Therapieverfahren. Die

Inhalte dürfen niemals als eine Aufforderung zur Selbstbehandlung oder als Grundlage für Selbstdiagnosen und -medikation verstanden werden. Die Informationen spiegeln lediglich die Meinung des Autors wieder. Der Autor übernimmt für die Art oder Richtigkeit der Inhalte keine Garantie, weder ausdrücklich noch impliziert.

Sollten Inhalte des Buches gegen geltendes Recht verstoßen, dann bittet der Autor um umgehende Benachrichtigung. Die betreffenden Inhalte werden dann umgehend entfernt oder geändert.

Haftung für Links

Das Buch enthält Links zu externen Webseiten Dritter, auf deren Inhalte wir keinen Einfluss haben. Deshalb können wir für diese fremden Inhalte keine Gewähr übernehmen. Für die Inhalte der verlinkten Seiten ist stets der jeweilige Anbieter oder Betreiber der Seiten verantwortlich. Die verlinkten Seiten wurden zum Zeitpunkt der Verlinkung auf mögliche Rechtsverstöße überprüft. Rechtswidrige Inhalte waren zum Zeitpunkt der Verlinkung nicht erkennbar. Eine permanente inhaltliche Kontrolle der verlinkten Seiten ist jedoch ohne konkrete Anhaltspunkte einer Rechtsverletzung nicht zumutbar. Bei Bekanntwerden von Rechtsverletzungen werden wir derartige Links umgehend entfernen.

40352225R00096

Printed in Poland
by Amazon Fulfillment
Poland Sp. z o.o., Wrocław